Wilfried Koch

Kleine Stilkunde
der Baukunst

Illustriertes Taschenlexikon
mit mehr als 1100 Einzelzeichnungen
des Verfassers

Orbis Verlag

Layout und Zeichnungen: Wilfried Koch
Montage: Hellmut Berger und Wilfried Koch
Fotonachweis: Bavaria Verlag, München (1); Bildarchiv Foto Marburg (4); P. u. R. Büttner,
Paulus Verlag, Fulda (1); Edition Arthaud, Grenoble (1); Wilfried Koch, Rietberg (1); Toni
Schneiders, Lindau (1); Österreichische Nationalbibliothek (1);
Bisher erschienen Übersetzungen in folgenden Sprachen: Dänisch, Englisch, Französisch,
Holländisch, Portugiesisch, Schwedisch, Slowakisch, Spanisch.

© Mosaik Verlag GmbH, München
Sonderausgabe 1991 Orbis Verlag für Publizistik GmbH, München
Gesamtherstellung Mohndruck Graphische Betriebe GmbH, Gütersloh
Alle Rechte vorbehalten · Printed in Germany
ISBN 3-572-00502-7

INHALT

Stilkunde ist keine Geheimwissenschaft	6– 7

Sakralbau
Einführungen jeweils am Kapitelanfang

Griechische Antike	8– 11
Hellenismus	12
Rom	12– 13
Frühchristentum und Byzantinismus	14– 15
Karolingische und ottonische Baukunst	16– 21
Romanik	22– 29
Gotik	30– 39
Renaissance	40– 47
Barock	48– 57
Klassizismus	58– 60
Historismus	61
Jugendstil	62
Moderne	62– 63

Pfalz · Burg · Schloß

Einführung	64– 65
Pfalz	66
Burg	66– 70
Schloß, Palast	71– 77

Bürger- und Kommunalbauten

Einführung	78– 79
Romanik	80
Gotik	80– 81
Renaissance	82– 84
Barock, Rokoko	85
Klassizismus	86
Jugendstil	87
Moderne	88– 89

Bildlexikon	90–221

STILKUNDE IST KEINE GEHEIMWISSENSCHAFT
Eine Gebrauchsanweisung für dieses Buch

Zu jedem Kunststil gehört eine recht genau bestimmbare Anzahl von ebenso genau definierbaren Bauelementen. Man könnte deshalb – um sich ein praktikables Hilfsmittel der stilistischen Einordnung zu schaffen – z. B. von einem typisch romanischen, gotischen oder Renaissance-Baukasten sprechen. Die Baumeister jeder Zeitepoche setzten, vereinfacht gesehen, die Einzelelemente zu immer neuen Kunstwerken zusammen. Temperament, landschaftliche und geistige Herkunft der Baumeister und natürlich die Gesetze der Statik sorgten dafür, daß von Fall zu Fall einzelne dieser vorgegebenen Bauelemente verworfen, andere hervorgehoben, variiert oder neue dazuerfunden wurden. Schon so erklären sich unterschiedliche Gesamteindrücke von Kunstwerken der gleichen Epoche.

Ändert sich der Zeitgeist und wird – durch technischen Fortschritt und Geschmackswandlung – die Anzahl der veränderten oder neuentwickelten Bauelemente zu groß, so wandelt sich auch der Gesamteindruck des Kunstwerks. Man spricht dann der Einfachheit halber von einer neuen Phase eines Stils (z. B. Früh-, Hoch-, Spätgotik) oder von einem ganz neuen Stil (Romanik, Gotik, Renaissance usw.).

Beim Übergang vom karolingischen zum romanischen Stil kann man diese organische Weiterentwicklung der Elemente und des Gesamtbildes eines Kunstwerkes besonders gut verfolgen. Der Stilwandel von der Gotik zur Renaissance war dagegen als Ausdruck eines Protestes gegen den überkommenen gotischen Zeitgeist viel abrupter: Mit voller Absicht wurde der bisher gültige »Baukasten« im wesentlichen verworfen und durch Vorbilder aus der Antike und durch Neuentwicklungen ersetzt. Der Gesamteindruck der Renaissance-Architektur erscheint hier als eine neue Interpretation der antiken Formensprache. Wer also nach allen Gründen für die Wandlungen der Stile fragt, muß sich auch mit der Geistesgeschichte befassen. Denn natürlich geben die Veränderungen der Elemente allein noch keinen vollkommenen Einblick in die geheimnisvollen menschlichen und geschichtlichen Zusammenhänge, die im tiefsten hinter der Entwicklung der Kunst stecken: »Ein neuer Stil entsteht, wenn ein veränderter Inhalt des geistigen Bewußtseins ihn fordert« (Dehio).

In diesem Buch wird versucht, zunächst den Gesamteindruck der Stilepochen an besonders typischen Bauwerken bildhaft und vergleichend darzustellen. Zugleich werden bei einigen Gebäuden die wichtigsten Einzelformen in der Art einer Liste namentlich aufgeführt. Sie tauchen in den Kunstwerken desselben Stils immer wieder auf. Diese Begriffe, die auf den Übersichtstafeln aber nur allgemein vorgestellt werden können, sind im Lexikon-Anhang einzeln und in ihren wichtigsten Variationen beschrieben und gezeichnet zu finden. Diese Variationen haben oft neue Namen und erscheinen deshalb unter eigenen Stichwörtern. Dort kann man sie aber erfahrungsgemäß nicht finden, solange man ihre Namen nicht kennt. Ich habe sie deshalb in zusammengehörenden Gruppen unter einem bekannten Oberbegriff behandelt und die Stichwörter dorthin verwiesen, wo man sie anhand der Zeichnungen auf einen Blick erkennt. Es werden also z. B. alle verzierenden Einzelformen von Arabeske bis Zinnenfries unter dem Oberbegriff Ornament vorgestellt; alles, was mit den Formen der Dächer zusammenhängt, von Abwalmen bis Zeltdach, steht unter dem Oberbegriff Dachformen.

Abbildungen sind durch *, Verweisungen ins Bildlexikon durch → gekennzeichnet.

Ziel des Buches ist es, dem Leser so viele sichere Vorstellungen zu vermitteln, daß er mit der Zeit imstande ist, ein Kunstwerk nach seinem Gesamtbild und durch das Benennen seiner Elemente der richtigen Stilepoche zuzuordnen. So lassen sich auch die stilistischen Anteile der vielen »stilunreinen« Kunstwerke auseinanderhalten, die z. B. in der Gotik begonnen und in der Renaissance beendet wurden.

Die kleinen Kunstführer, wie sie heute in jedem bedeutenden Bauwerk ausliegen, enthalten immer zahlreiche Begriffe, die dem Laien zu abstrakt sind. Auch sie kann man weitgehend im Bildlexikon nachschlagen und nach den betreffenden Zeichnungen im Bauwerk wiederfinden. Nehmen Sie das Büchlein am besten auf jeder Reise mit, geben Sie ihm im Auto einen festen Platz, und vor allem: Schauen Sie öfter mal hinein. Es will Sie den schönen Dingen unserer Welt ein wenig näherbringen – und Sie ein bißchen reicher machen.

Wer sich ausführlich über Baustilkunde informieren will, wird auf das Standardwerk desselben Autors verwiesen:
Baustilkunde – Europäische Baukunst von der Antike bis zur Gegenwart, 496 Seiten, 2500 Zeichnungen, 50 ganzseitige Verbreitungskarten. Mosaik Verlag, München. ISBN 3-570-06234

Ionisches Kapitell – Athen, Akropolis, E. 5. Jh. v. Chr.

SAKRALBAU   ANTIKE
GRIECHENLAND

Immer wieder, wenn es in der europäischen Baukunst der vergangenen Jahrhunderte um Erneuerung ging, griff das christliche Abendland auch auf Formelemente zurück, die in den Tempeln Griechenlands – noch vor der Morgendämmerung des Christentums – das ganze Maß vollkommener Schönheit erfüllten. Langrechteckiger Grundriß, Säule und Giebeldach, aus dem Wohnhaus (→ Megaron*) entwickelt, wurden hier in vielfältigen Kombinationen der Säulenordungen und Säulenstellungen zum Haus des Gottes, dessen vollplastisches Bild im Allerheiligsten (Cella) verehrt wurde. In seiner einfachen Form, dem Antentempel (Abb. 1), bilden die vorgezogenen Seitenwände (Anten) mit zwei eingestellten Säulen eine Vorhalle (Pronaos); bald tritt eine Rückhalle (Opisthodomos) dazu (Abb. 2), aber ohne eigenen Zugang zur Cella. Vorgestellte Säulenreihen (Abb. 3), auch an der Rückseite (Abb. 4), bereichern den Prostylos-Typ. Wunderwerke an Zierlichkeit und Harmonie sind

Griechische Antike 9

die selteneren kleinen, gänzlich mit Säulen umgebenen Rundtempel (Abb. 7, 8 und Olympia, Philippeion, S. 11). Aber nicht sie, sondern die großen Tempel, Peripteros und Dipteros (Abb. 5, 6), von Säulenkränzen umstellt, sind es, die unsere Vorstellung von griechischer Baukunst am eindrücklichsten geprägt haben. Breit, auf mächtigen Säulen gleichsam in sich selbst ruhend, der dorische, von schlanker Eleganz der ionische Bau, mit reicheren Ornamenten an Kapitellen und Giebeln der korinthische Tempel: steingewordene Systeme von Maß und Zahl, zwingend und bezwingend in feste harmonische Verhältnisse zueinander gebracht (vgl. →Proportionslehre*; →Interkolumnium*). Noch ruht die Last des →Gebälks und des Daches ohne den vermittelnden Bogen der späteren hellenistischen und römischen Zeit auf den Stützen.

Aber nur Priester durften den Tempel betreten – das Volk brachte im Freien seine Opfer dar. Das ist der Grund, warum der frühchristliche Kirchenbau das Vorbild des griechischen Tempels verwarf. Denn er brauchte, getreu der christlichen Lehre, einen Versammlungsraum für alle, für Hohe und Niedrige, und er fand ihn in der römischen Markthalle, der Basilika.

Zum Vergleich zwischen dem griechischen und römischen Bauschema → Tempel*.

Tempelformen

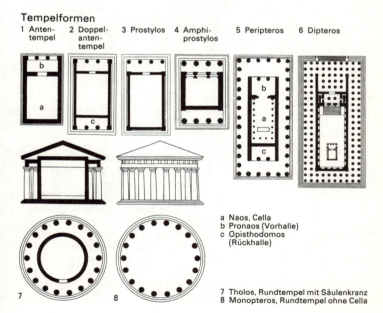

1 Antentempel 2 Doppelantentempel 3 Prostylos 4 Amphiprostylos 5 Peripteros 6 Dipteros

a Naos, Cella
b Pronaos (Vorhalle)
c Opisthodomos (Rückhalle)

7 Tholos, Rundtempel mit Säulenkranz
8 Monopteros, Rundtempel ohne Cella

10 Sakralbau

Dorisch

- Akroter, -ion
- Sima
- Wasserspeier
- Geison
- Mutulus mit Guttae
- Triglyphe
- Metope
- Taenia
- Regula mit Guttae
- Architrav
- Abakus
- Echinus
- Anuli
- Hypotrachelion
- Scamillus
- 16–20 Kannelüren
- Säulenfuß ohne Plinthe

Tempelecke, dorisch. Athen, Akropolis, Parthenon-Tempel, 449 v. Chr. beg.

Ionisch (attisch-ionisch)

- Kranzgesims (Geison)
- Fries (Zophoros)
- Architrav mit 3 Faszien
- Volutenkapitell
- Attische Basis ohne Plinthe

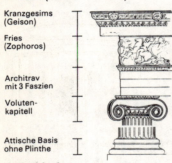

Tempelecke, ionisch. Athen, Akropolis, Erechtheion, E. 5. Jh. v. Chr.

Korinthisch

- Stirnziegel (Antefix)
- Sima mit Wassernase
- Zahnschnitt (Geisipodes)
- Fries
- Akanthus-Volutenkapitell

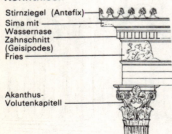

Akanthus-Volutenkapitell, korinthisch. Didyma, Jüngerer Apollo-Tempel, 313 v. Chr., hellenistisch

Griechische Antike 11

Dorisch

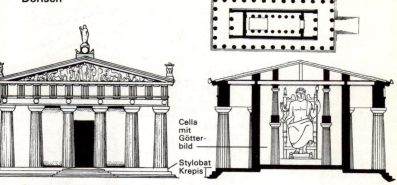

Olympia, Zeus-Tempel, 5. Jh. v. Chr. Peripteros. Zwischen den 2geschossigen Säulen in der Cella auf einem Sockel die 14 m hohe Zeus-Statue des Phidias.

Ionisch

Athen, Akropolis, Erechtheion, E. 5. Jh. v. Chr. Vorn die Korenhalle.

Olympia, Philippeion, Rundtempel (Tholos), um 340 v. Chr.

Korinthisch

Epidauros, Asklepieion, 3. Jh. v. Chr., Tholos   Athen, Olympieion, 2. Jh. n. Chr., hellenist.
Das korinthische Kapitell erscheint zuerst im Tempelinnern und erst in hellenistischer Zeit auch am Außenbau.

12 Sakralbau

HELLENISMUS

bezeichnet die griechische Kunst etwa von Alexander d. Gr. bis Augustus (323 v. Chr. bis 14 n. Chr.). Nach dem Tod Alexanders zerfällt dessen Weltreich in zahlreiche Diadochen-Staaten. Ihre – hellenistischen – Höfe werden zu fortschrittlichen Kulturzentren, in denen die klassische künstlerische Tradition Griechenlands mit bewußt aufgenommenen Einflüssen des Orients im Sinne einer »Weltkultur« verbunden wird.

Als Rom im 2. Jahrhundert v. Chr. die griechischen Kernlande, Kolonien (Süditalien, Sizilien) und die hellenistischen Diadochen-Staaten erobert, übernimmt es auch deren Kultur. Ihren Bauformen fügt es den (ursprünglich etruskischen) Rundbogen hinzu. Die »Hellenisierung« Roms wird im Augustuszeitalter abgeschlossen.

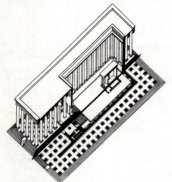

Wesentliche Elemente der hellenistischen Formensprache sind: die Neigung zur Monumentalität (Riesentempel), sinnvoll gruppierte Gebäude und planvolle Platzanlagen, Betonung der Schaufront, formenreiche Dekoration, Säulenfluchten, gesprengte →Giebel* und die naturalistische Bewegtheit der Skulptur. Diese Elemente werden im 18. Jahrhundert vom europäischen Barock adaptiert.

Didyma, Jüngerer Apollo-Tempel, 313 v. Chr. beg. Hypäthraler = oben offener Dipteros. In der hofartigen Cella der kleine Kulttempel (»Naiskos«).

ROM

Die römische Baukunst verbindet die Traditionen der unterworfenen hellenistischen Völker mit den etruskischen und römischen Eigenschöpfungen: Bogen, Bogen + Pfeiler, Gewölbe, Kuppel. Sie wird als Reichskunst diktatorisch in alle römischen Provinzen getragen und später in die abendländische Romanik und Renaissance weitervermittelt. Ihr Wesen ist vornehmlich praktisch (→Aquädukt*, →Thermen*, →Basilika*, →Theater*, Circus, Befestigungs- und Brückenbau) und repräsentativ (Forum, →Triumphbogen*, Palast, →Grabmal*). Der Tempel, aus dem griechischen entwickelt, steht auf einem Podium, zu dem eine von Mauerzungen flankierte Freitreppe hinaufführt. Statt der umlaufenden Säulenreihe werden – besonders in der Frühzeit – Halbsäulen der Cella vorgelegt (Pseudoperipteros), ein Portikus bildet die Schauseite. (Vergleich zum griechischen Bauschema → Tempel*). Im ganzen tritt der Sakralbau hinter den Ingenieurbau zurück und gewinnt erst im 4. Jahrhundert im frühchristlichen Kirchenbau Übergewicht.

Römische Antike 13

Römisch-dorisch (toskanisch)

- Sima mit Hohlkehle
- Mutuli (oder Zahnschnitt)
- Triglyphe
- halbe Eckmetope
- Metope
- flacher Architrav
- Abakus
- Echinus mit Eierstab
- Halsring

Toskanische Basis:
- Plättchen
- Torus
- Plinthe

Langbau

Nîmes, Maison Carrée, E. 1. Jh. v. Chr., röm.-korinthischer Pseudoperipteros mit Vorhalle; Freitreppe zwischen Mauerflanken.
P Portikus; H Halbsäule; C Cella; Po Podium

Römisch-ionisch

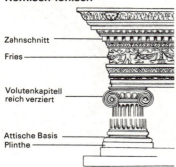

- Zahnschnitt
- Fries
- Volutenkapitell reich verziert
- Attische Basis
- Plinthe

Zentralbau

Rom, Rundtempel am Tiber, E. 2. Jh. n. Chr., Tholos mit 20 röm.-korinthischen Säulen.

Römisch-korinthisch

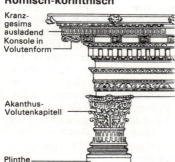

- Kranzgesims ausladend
- Konsole in Volutenform
- Akanthus-Volutenkapitell
- Plinthe

Kompositordnung

Kompositkapitell = ionische Voluten über korinthischen Akanthuskränzen.

Plinthe

14 Sakralbau
FRÜHCHRISTENTUM UND BYZANTINISMUS

Konstantin, 306–337, verlegt 330 die Hauptstadt des römischen Reiches nach Byzanz (fortan Konstantinopel, auch Secunda Roma genannt). Sein Toleranzedikt von Mailand, 313, garantiert die Freiheit aller religiösen Kulte. Die Bevorzugung des Christentums führt zu vielseitiger Entwicklung christlicher Kirchenbaukunst. 395 trennen sich Westrom und Ostrom (Byzanz/Konstantinopel) endgültig. In beiden Reichen wird die → **Basilika*** vorherrschende Form für den *Langbau*. Ihr Bauschema besteht im wesentlichen aus der Raumfolge: Atrium – Narthex – 3–5 flachgedeckte Schiffe mit überhöhtem, belichtetem Mittelschiff – Presbyterium (Chor, Apsis). Das weströmische Schema (Abb. 1) fügt ein durchgehendes (»römisches«) Querhaus zwischen Langhaus und Apsis hinzu (T-förmiger Grundriß). Die byzantinische Liturgie dagegen entwickelt die Pastophorien zu beiden Seiten des Chors am Ostende der Seitenschiffe (15*), die Frauenemporen (»matronei«) über den Seitenschiffen und die Vorliebe für Mosaike auf Fußböden und Wänden.

Kreuzförmige *Zentralbauten* mit Zentralkuppel entstehen vorwiegend an Orten byzantinischen Einflusses (**Kuppelkirche**). Zusätzliche Nebenkuppeln über den Kreuzarmen (Abb. 3) oder in deren Zwickeln (Abb. 2) ergeben die **Kreuzkuppelkirche**. Die **Kuppelbasilika** verbindet die Kuppel(-reihung) mit dem Basilikaschema (Hagia Sophia → Byzantinische Kunst*).

In Ravenna (15*) finden sich römische Basiliken, aber ohne Querhaus und mit später angebauten byzantinischen Pastophorien, sowie byzantinische Zentralbauten. San Vitale wurde Ende 8. Jahrhundert Vorbild für Aachen (18*).

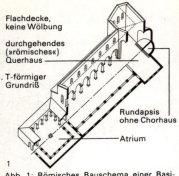

Abb. 1: Römisches Bauschema einer Basilika.

Abb. 2: Byzantinisches Bauschema eines Zentralbaus (Kreuzkuppelkirche).

Abb. 3: Byzantinisches Bauschema einer Kreuzkuppelkirche mit Nebenkuppeln über den Kreuzarmen. Grundriß über dem gleicharmigen (»griechischen«) Kreuz.

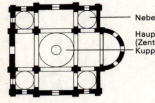

Frühchristlicher Kirchenbau

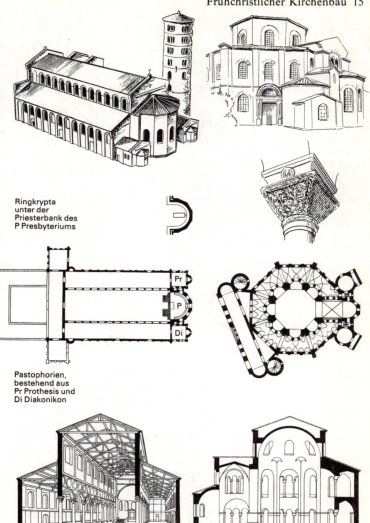

Ringkrypta
unter der
Priesterbank des
P Presbyteriums

Pastophorien,
bestehend aus
Pr Prothesis und
Di Diakonikon

Ravenna, Sant' Apollinare in Classe, 535–49. Dreischiff. Säulenbasilika mit Archivolten, ohne Querhaus (Reduktion des röm. Schemas, vgl. 14*), Ringkrypta. Pastophorien später.

Ravenna, San Vitale, 522–47. 7 Exedren zwischen Mittelraum und Umgang, 2geschossige Arkaden. Kuppel durch Amphoren entlastet. Vorbild für Aachener Pfalzkapelle. Byzantin. Korbkapitell mit Kämpfer.

Karolingische Rotunde – Fulda, St. Michael, um 822, Obergeschoß 11. Jh.

SAKRALBAU   KAROLINGISCHE UND
             OTTONISCHE BAUKUNST

Durch die machtvolle Reichsidee Karls d. Gr. (768–814) verschmilzt das politische, geistige und künstlerische Erbe der Spätantike mit den frühchristlichen und germanischen Kulturen zur politischen und kulturellen Einheit des »Abendlandes« unter germanischer Führung.

Karolingische und Ottonische Baukunst 17

Die höfischen und klösterlich-klerikalen Kreise der germanischen Stämme bemächtigen sich nach und nach der spätantiken Formensprache (»Karolingische Renaissance«): Sie übernehmen die kubisch geschlossenen Mauermassen des Steinbaus, den römisch-byzantinischen →Zentralbau sowie zahlreiche Einzelformelelemente (die Säulen der Aachener Palastkapelle wurden z.B. in Ravenna demontiert!) und entwickeln die altchristliche Säulen-→Basilika weiter. Das Westwerk (19*) dagegen ist eine fränkische Eigenschöpfung, monumentaler Ausdruck der bipolaren Einheit von Kirche und Staat. Vom Palastbau sind nur geringe Reste erhalten, Großplastiken fehlen ganz, dagegen blühen Elfenbeinschnitzereien und Edelmetallarbeiten sowie ekstatisch bewegte Buch- und Wandmalereien in den Kirchen und Klöstern.

So bildet sich in karolingischer Zeit die Grundlage der Kunst des abendländischen Europas; Eigenständigkeit erlangt sie aber erst um die Jahrtausendwende, nachdem das riesige Frankenreich unter den Nachfolgern Karls in ein westfränkisches und ein östliches, später deutsches Reich geteilt worden war. Drei mächtige deutsche Kaiser geben dieser Zeit ihren Namen, die als »Ottonik« der Romanik in Deutschland unmittelbar voraufgeht.

St. Michael in Hildesheim ist das bedeutendste Bauwerk dieser Epoche, die vieles, was vordem aus der Antike übernommen worden war, von Grund auf und mannigfaltig bewegt umgeformt hat. So werden alle wesentlichen Merkmale der Romanik hier bereits sichtbar: wuchtige Mitteltürme über den klar ausgeschiedenen →Vierungen, Treppentürme an den Flanken der Querschiffe; das Vierungsquadrat wird zum Maß für den gesamten Grundriß, und dem Ostchor wird im Westen ein zweiter Chor entgegengesetzt (Doppelchörigkeit). Die →Krypta unter dem →Chor verlangt eine Höherlegung des Fußbodens im Chorraum. In ihr und in kleinen Nebenräumen bereitet sich die Wölbung der Decke vor, die den romanischen Kirchen später ihre vollkommene Harmonie von Last und Stütze und ihre großartige Feierlichkeiten geben wird.

Vielfältig sind die Variationen, in denen der – römische – Bogen als tragendes und als ornamentales Motiv erscheint: Im Langhaus verbindet er Pfeiler und Säulen, die einander abwechselnd die Scheidmauern tragen (→Stützenwechsel), als →Triumphbogen trennt er kraftvoll Schiff und Chor, Rhythmus und Harmonie verleiht er den Emporen, und in Rundbogenfriesen zwischen →Lisenen ziert und ordnet er die Außenmauern.

In Westfranken, dem heutigen Frankreich, entstehen zwei neue Chorformen: der Staffelchor und der Chorumgang mit Kapellenkranz (20*). Aber nichts bringt uns die bewußte und glückliche Anverwandlung der antiken Bauelemente so nahe wie die schlechthin vollkommene Erfindung des Würfelkapitells, das für die gesamte Romanik die Urform zahlreicher phantasievoller Abwandlungen sein wird.

18 Sakralbau

Langbau

- Untergaden
- Obergaden

Zentralbau

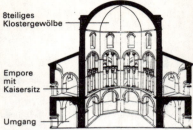

- 8teiliges Klostergewölbe
- Empore mit Kaisersitz
- Umgang

- Zellenwestbau
- Stollenkrypta
- Pastophorien

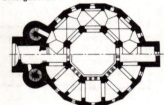

- Untergeschoß
- Obergeschoß

Steinbach/Odenwald, Einhardsbasilika, 821. Dreischiffige Pfeilerbasilika. Gestrichelt = Stollenkrypta.

Aachen, Pfalzkapelle, um 800, nach dem Vorbild von Ravenna, San Vitale, 15°. Gesamtanlage 66°.

- flache Holzdecke
- Licht-(Ober-)gaden
- Triumphbogen
- Wandmalerei an der Scheidmauer (ottonisch)
- Fries
- Rundbogenarkade
- Eingang zur Hallenkrypta
- Säule mit kelchartigem Kapitell

Reichenau-Oberzell, St. Georg, 896–913, spätkarolingische Säulenbasilika, doppelchörige Anlage, erhöhter, eingezogener O-Chor, Zugang zur Hallenkrypta (→ Krypta*) vom Mittelschiff her. Bedeutende Wandmalereien des 10. und 11. Jhs.

Karolingische Baukunst 19
Westwerk

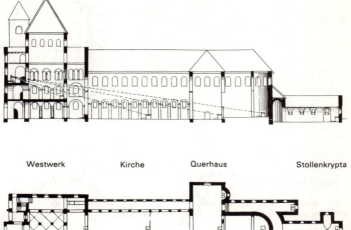

Corvey, Klosterkirche, Westwerk, 873–85, gewölbte Erdgeschoßhalle unter der Kapelle mit Emporen und Kaiserloge. Gestrichelt = Blickrichtungen zu den Altären. – U: Querschnitt und Innenansicht des Obergeschosses von NO mit K Kaiserloge.

20 Sakralbau Ottonische Baukunst

Kapitell

Langbau

Pilzkapitell
Quedlinburg, 1020

Pflanzenkapitell
Grenoble

Bossenkapitell
Quedlinburg, A. 11. Jh.

Würfelkapitell
Hildesheim, A. 11. Jh.

Chor

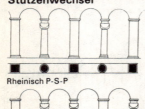

Entwicklung in Frankreich:
Staffelchor
Cluny II, 981

Chorumgang mit
Kapellenkranz
Tournus, 950

Stützenwechsel

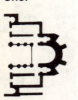
Rheinisch P-S-P

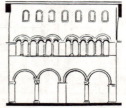

Obergaden

Empore

Arkaden

Niedersächsisch P-S-S-P

Gernrode, Nonnenstiftskirche, 961–83, doppelchörige 3schiff. Emporenbasilika, rhein. Stützenwechsel, Krypten im O und W. Ursprünglich durchgehendes Querschiff im O.

Ottonische Baukunst 21

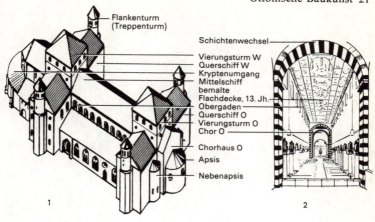

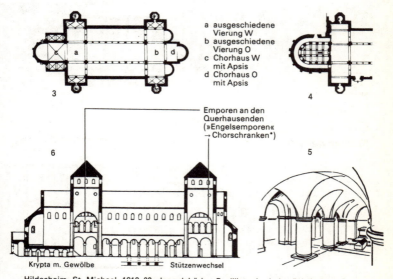

Hildesheim, St. Michael, 1010–33, doppelchörige Basilika mit niedersächsischem Stützenwechsel. 1 Isometrie, klares Gefüge der blockhaften Bauteile. – 2 Innen nach O. – 3 Das Mittelschiff besteht aus 3 Quadraten nach dem Maß der ausgeschiedenen Vierungen. – 4,5 Krypta. – 6 Längsschnitt durch Kirche und Krypta.

Romanische Arkadengalerie – Serrabonne/Südfrankreich, Abtei, 11. Jh.

SAKRALBAU   ROMANIK

Der Mensch der Romanik erscheint uns unkompliziert, wehrhaft, ohne Pathos. In seinem Weltbild ist die Macht des Kaisers das Abbild der Allgewalt Gottes. Und die monumentalen Kirchen, die Gottesburgen, die der trutzigen Ritterburg des weltlichen Herrschers so sehr ähnlich sehen, die Bilder des Gekreuzigten mit der Königskrone (statt der erst später üblichen Dornenkrone) sind für ihn nur selbstverständliche Gleichnisse – unbeeinflußt von den erbitterten Fehden zwischen Päpsten und Kaisern. Die Bauern, die einfachen Handwerker folgen ihrem Herrn auf Kriegs- und Kreuzzug, sie bilden den grauen Hintergrund, vor dem sich der machtvolle Glanz des Fürsten nur um so klarer abhebt. An der Politik wie an der Schaffung bleibender Kulturgüter haben sie keinen Anteil. Die sind Sache des Adels und der Mönche.

Romanik 23

In der Ritterburg singt der Minnesänger seine Lieder und Sagen von Siegfried und Gudrun; in der Klosterkirche hallen die gregorianischen Chorgesänge der Mönche. Unter ihnen sind die gelehrten Erzieher und Berater der Könige und Kaiser. Sie beherrschen das Kriegshandwerk ebenso wie die Kunst, auf Pergament geduldig Wort an Wort zu fügen und mit Miniaturen und Initialen kostbar zu zieren. Sie sind die Baumeister der edel gegliederten Dome und der wehrhaften Kirchenburgen, und sie erfinden das → Gebundene System, das alle Grundrißmaße nach dem Maß des Vierungsquadrats ordnet; sie führen Gurtbögen quer über das Schiff, überwölben es mit mächtigen Tonnen- und Gratgewölben, und sie spannen – seit dem 12. Jahrhundert – ein Netz von gebogenen Rippen über den Raum, durch welche die Last schwerer Gewölbe hinab in die Säulen fließt. Sie sind die Steinmetzen, die das antike Kapitell in die herben Formen des Nordens umwandeln, die das rundbogige Portal mit Heiligenfiguren voll gelassener Würde flankieren und mit dem Weltgericht krönen. Von ihrer Hand stammen die großzügigen Wandmalereien im Hochschiff und in den Krypten, stammen aber auch die → Chorschranken* und → Lettner*, die den Klerus von den Laien trennen. Wohl mauern sie noch immer den Rundbogen der römischen Antike, von welcher der Name ihrer Epoche abgeleitet ist. Aber nichts kann unitalienischer sein als die Türme – manchmal sechs und mehr –, mit denen sie diesseits der Alpen die Vierung machtvoll überhöhen und die blockhaften Formen des Baukörpers umstellen. Erst im 13. Jahrhundert nimmt der Anteil der Laien am Kirchenbau zu.

Immer reicher werden die Klöster, immer größer ihre Schätze aus kunstvoll getriebenem Gold und Silber, immer üppiger blühen Ornamente und Skulpturen in den Kirchen und Portalen, und steinerne Fratzen und Bestien bevölkern die Kapitele.

Da ergeht im 10. Jahrhundert vom französischen Kloster Cluny aus die strenge Forderung nach asketischem Maß und den alten Formen mönchischer Einfachheit. Aber während sich bis zum Jahre 1200 etwa 1500 europäische Abteien und Klöster dem Geist dieser Reformen anschließen, verwendet das gleiche Frankreich schon im 12. Jahrhundert Spitzbogen und Strebewerk, die typisch für die neue, die gotische Epoche sein werden.

Scheibenwürfelkapitell.
Paulinzella, A. 12. Jh.

24 Sakralbau

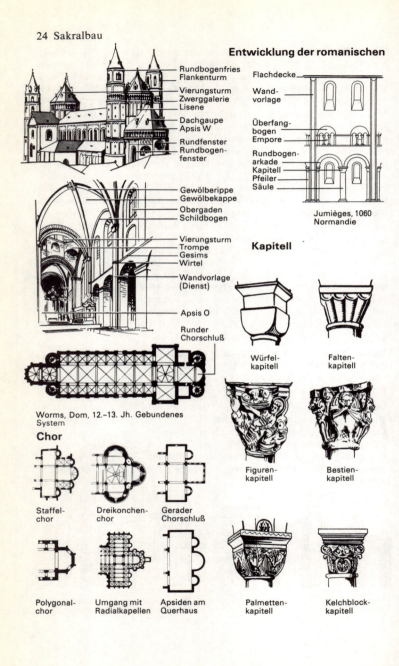

- Rundbogenfries
- Flankenturm
- Vierungsturm
- Zwerggalerie
- Lisene
- Dachgaupe
- Apsis W
- Rundfenster
- Rundbogenfenster

- Gewölberippe
- Gewölbekappe
- Obergaden
- Schildbogen
- Vierungsturm
- Trompe
- Gesims
- Wirtel
- Wandvorlage (Dienst)
- Apsis O
- Runder Chorschluß

Worms, Dom, 12.–13. Jh. Gebundenes System

Chor

Staffelchor Dreikonchenchor Gerader Chorschluß

Polygonalchor Umgang mit Radialkapellen Apsiden am Querhaus

Entwicklung der romanischen

- Flachdecke
- Wandvorlage
- Überfangbogen
- Empore
- Rundbogenarkade
- Kapitell
- Pfeiler
- Säule

Jumièges, 1060 Normandie

Kapitell

Würfelkapitell Faltenkapitell

Figurenkapitell Bestienkapitell

Palmettenkapitell Kelchblockkapitell

Romanik 25

Wandgliederung

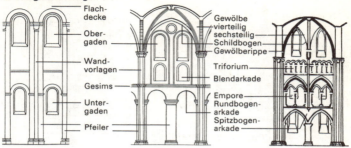

- Flachdecke
- Obergaden
- Wandvorlagen
- Gesims
- Untergaden
- Pfeiler

- Gewölbe vierteilig sechsteilig
- Schildbogen
- Gewölberippe
- Triforium
- Blendarkade
- Empore
- Rundbogenarkade
- Spitzbogenarkade

Speyer, Dom, 1050 (Urbau, Gewölbe erst 1090)

Worms, Dom nach 1181

Limburg, vollendet 1235, Übergang zur Gotik

Gewölbe

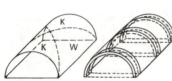

Tonnengewölbe
K Kappe, W Wange

Tonnengewölbe mit Gurten

Kuppel

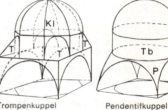

Trompenkuppel
T Trompe
Kl Klostergewölbe

Pendentifkuppel
mit Tb Tambour
P Pendentif

Kreuzgratgewölbe

Kreuzrippengewölbe, gebust

Portal

a Archivolte
b Bogenlaibung mit Figuren
c Tympanon mit Pantokrator

d Türsturz
e Gewändefigur
f Türpfosten
g Türpfeiler

- Gewölbegrat
- Obergaden
- Mittelschiff
- Wandvorlage (Dienst)
- Seitenschiff

Gewölbesystem im Langhaus

Arles, St.-Trophîme, 12. Jh. Höchststufe spätromanischer Portalarchitektur.

26 Sakralbau

Zur Karte Seite 27

1 Niederrhein
Basilika
Empore
Gebundenes System
Dreikonchenanlage
Zwerggalerie
- Köln, St. Aposteln, 1. H. 11. Jh. beg., Schnitt durch das Querhaus. Außen → Arkade*

2 Oberrhein
Basilika
Gebundenes System
Rund- und Spitzbogen
- Rosheim, St-Pierre et St-Paul, 12. Jh., Grundriß.
- Sigolsheim, 12. Jh., Schnitt

3 Normandie
Emporenbasilika
Staffelchor
- Caen, St-Etienne, 11.–12. Jh. Innen: Abb. rechts oben

4 Burgund
Basilika
Spitztonnengewölbe mit Gurten
Rund- und Spitzbogen
Staffelchor
Gewölbeeinheiten in Mittel- und Seitenschiffen gleichlang
- Autun, St-Lazare, 12. Jh.

5 Auvergne
Emporen-Staffelhalle
Staffelquerhaus (→ Querriegel*)
Chorumgang mit Kapellenkranz
- Clermont-Ferrand, Notre-Dame-du-Port, 12. Jh. Außen: Abb. rechts Mitte

6 Poitou
Staffelhalle
Tonnengewölbe
- St-Savin, Abteikirche, um 1100.
- Poitiers, Notre-Dame-la-Grande Abb. rechts unten

7 Aquitanien
Kuppelkirche
1–3 Schiffe
- Angoulême, St-Pierre, um 1170

8 Provence
Basilika
schmalhohe Schiffe
Spitztonnengewölbe
- Arles, St-Trophîme, 12. Jh. Portal 25*; Figurenkapitell 24*

9 Süd- und Südwestfrankreich
Saalkirche, Wandpfeilerkirche
- St-Gabriel, 12. Jh.

Romanische Bauschulen

zu 3 Caen, St-Etienne; hier: mit ursprünglicher Flachdecke; Laufgang in der Fensterzone, Emporen.

zu 5 Clermont-Ferrand, Notre-Dame-du-Port

zu 6 Poitiers, Notre-Dame-la-Grande, 1. H. 12. Jh., reiche Gliederung und Dekoration

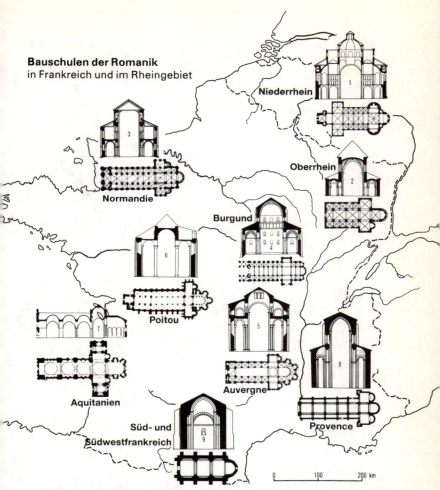

Bauschulen der Romanik
in Frankreich und im Rheingebiet

Bauschulen. Der heute seltener gebrauchte Begriff bezeichnet ein Bauschema, dessen signifikante Bauformen an einer eingrenzbaren Gruppe von Bauten wiederkehren. Solche mehr oder weniger typisierten Bauten können
a) einer bestimmten geographischen Region zugehören (z. B. auvergnatische Emporenhallen-Kirchen, 26,5*) oder
b) Ausdruck einer politischen, geistigen oder liturgischen Ordnung sein (→Hirsauer Reform*).

Ihr gehäuftes Auftreten in einer Region schließt nicht aus, daß andere Bauformen dort vorkommen oder sogar zahlenmäßig überwiegen. So gibt es z. B. in Aquitanien (26,7) neben den in dieser Landschaft wie nirgend sonst verbreiteten (60!) Kuppelkirchen auch zahlreiche Saal- und Hallenkirchen mit Tonnengewölbe, in Südfrankreich (26,9) neben den vielen typischen Saalkirchen auch bedeutende Emporenhallen und Basiliken.

Außerdem läßt jeder Baukanon zahlreiche Variationen zu. Diese sind bedingt durch nachlassende Strenge der Bauaufsicht (→Zisterzienserbaukunst*) oder durch Rücksichten auf lokale Bautraditionen (→Hirsauer Reform*).

28 Sakralbau
Langbau　　　　Mittelitalien Sizilien

O. u. Mi: Pisa, Dom, 1063–1120. Säulenbasilika, Flachdecke, 5 Schiffe, Querhaus, 2schiffige Emporen. Arkaden und Marmorinkrustationen der Fassade 13. Jh.
U: Venedig, San Marco, 11.–16. Jh. Kreuzkuppelbasilika nach byzantinischem Vorbild mit romanischen und gotischen Elementen.

O: Cefalù, Kathedrale, beg. 1131. »Normannische« Blendarkaden aus gekreuzten Spitzbögen.
Mi und u: Monreale, Dom, beg. 1174. Die Mosaiken an Boden und Innenwänden setzen die Tradition der 1030 von Normannen besiegten sizilianischen Byzantiner fort.

England

Romanik 29
Zentralbau

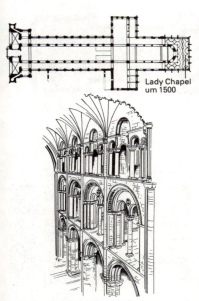
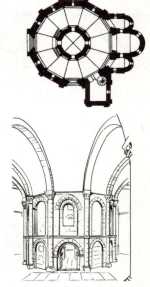

O: Southwell, Kathedrale, Vierungsturm mit normannischen Kreuzbogenarkaden.
Mi und u: Peterborough, Kathedrale, beg. 1118. Durch Laufgang vor dem Obergaden und emporenartiges Triforium »ausgehöhlte« Innenmauer. Zackenfries, Faltenkapitelle sind für normannische Kunst typisch.

Segovia, Templerkapelle Vera Cruz, 1208. Der 12eckige Kernbau ist 2geschossig. 3 Ostapsiden. Turm später. – Die Grabeskirche in Jerusalem und die Aachener Pfalzkapelle, 18*, werden in romanischen Zentralbauten vielfältig abgewandelt (Baptisterien, Kapellen, Kirchen).

Gotische Strebebögen – Chartres, Kathedrale, um 1200

SAKRALBAU   GOTIK

In den langen Kämpfen zwischen Kaiser und Papst zerbricht die Einheit von Kirche und Staat. Die Fürsten erstarken gegenüber dem Kaiser. Die politische Vorrangstellung Deutschlands bröckelt unter den letzten Staufern ab und endet 1250 mit dem Tode Friedrichs II. im »Interregnum«, der kaiserlosen Zeit. Fürstenfehden und Raubrittertum beunruhigen das Volk. Es flieht vom Land in die Stadt, umbaut sich mit dicken Mauern, ordnet streng im Innern (Zünfte), treibt Handel mit anderen Städten (Hanse), ist auf seine Bildung bedacht und gewinnt Selbstbewußtsein. Im Mittelpunkt der Stadt und des Lebens aber steht mit gewal-

Gotik 31

tigem Einfluß die Kirche. Ihr gehören die größten Geister der Zeit an: Franziskus, Albertus Magnus und Thomas von Aquin. Die Scholastik beherrscht das Geistesleben. Die Orden lehren in den Klosterschulen die Sieben Freien → Künste und auf dem Lande den Ackerbau. Franziskaner und Dominikaner bauen volksnahe Predigerkirchen (→ Bettelordenskirchen*) und mahnen und helfen in den Schrecken der Pest – »zur größeren Ehre Gottes« und der Kirche.

Der neue Stern geht über Frankreich auf. Politisch und kulturell steht es nach dem Zerfall der deutschen Kaisermacht an der Spitze Europas.

Das solcherart politisch und geistig veränderte Bewußtsein der Epoche formt sich einen neuen Stil. Auch er kommt aus Frankreich. Schon Mitte des 12. Jahrhunderts gelingt französischen Baumeistern die geistreiche Zusammenfügung von zwei längst bekannten Bautechniken, die das Gesicht dieses neuen Stils prägen und seinen Bauten Halt geben werden:

1. Der Spitzbogen befreit den Architekten vom Zwang eines quadratischen Gewölbegrundrisses;
2. nicht mehr die massige Mauer trägt die Last von Dach und Gewölbe, sondern das feingliedrige Skelett des → Strebewerks* aus Gewölberippen, → Diensten* und Strebebogen leitet ihr Gewicht nach außen auf die Strebepfeiler (33*). So werden die Mauern überflüssig. Statt ihrer spannen riesige Fenster ihre bunten Gläser von Pfeiler zu Pfeiler und hinauf bis unter das Gewölbe. Immer höher, immer mehr in die Weite wächst der Bau, der Raum triumphiert über die Schwere des Steins.

Jedes Land gibt der Gotik ein eigenes Gepräge: Frankreich die zweitürmige, rosettengeschmückte Westfassade, das → Triforium und den überreichen Figurenschmuck, Deutschland (wo noch bis weit ins 13. Jahrhundert romanisch gebaut wird) liebt den spitzen Einturm mit kühn durchbrochenem Turmhelm und zwingt im Norden den Backstein in gotische Formen (→ Backsteinbau*); die englischen Gewölbe spinnen ihr phantasievolles Filigran über den Raum. Einige spanische Kirchen, z. T. über den Fundamenten maurischer Moscheen erbaut (Sevilla, 39*), neigen zu außerordentlich breiter Lagerung. In der Spätgotik wird die Basilika weitgehend von der Hallenkirche (Annaberg, 38*) und der Saalkirche abgelöst (Vincennes, Albi, 38*; Cambridge, 39*). Nur das klassische Italien steht dem als barbarisch empfundenen Stil verständnislos gegenüber. Aber in Spanien, in den → Bauhütten Frankreichs und der Städte nördlich der Alpen findet jenes seltsame Gemisch aus mystischer Frömmigkeit und Bürgerstolz, aus Höllenangst und sorgenvoller Entschlossenheit zu überleben seinen Ausdruck in der grandiosen Weiträumigkeit der Dome, in der bis dahin nicht gewagten Höhe ihrer Gewölbe und schlanken Türme und in der andachtsvollen S-Krümmung zartgliedrigfaltenreicher Plastiken. Es findet ihn in der skurrilen, deftigen Phantastik der Chimären und Wasserspeier ebenso wie im »Erbärmdebild« des dornengekrönten Christus, der zum Sinnbild und zur hoffnungsvollen Beschwörung der eigenen Gefährdung geworden ist.

32 Sakralbau
Gewölbe

Kreuzrippengewölbe
6teilig   4teilig
Sterngewölbe
Liernengewölbe

Tonne mit Netzgewölbe
Kelch-, Trichtergewölbe
Schlinggewölbe Gewundene Reihungen
Zellengewölbe

Portal

Kapitell, Konsole

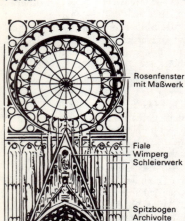

- Rosenfenster mit Maßwerk
- Fiale
- Wimperg
- Schleierwerk
- Spitzbogen Archivolte mit Figuren
- Tympanon mit Relief
- Gewände mit Gewändefiguren
- Türpfeiler

Gewändeportal
Straßburg, Münster, 13. Jh.

Knospenkapitell Frühgotik
Tellerkapitell engl. Frühgotik

Blattkapitell Spätgotik
Kelchkapitell auf Wandvorlage

Figürliche Konsole, um 1385
Konsole mit Blattmaske, 13. Jh.

Gotik 33

Bogen

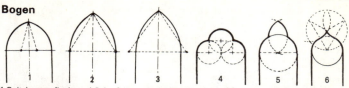

1 Spitzbogen, flach, gedrückt; 2 normal, gleichseitig; 3 überhöht, Lanzettbogen; 4 Kleeblatt- oder Dreipaßbogen, rund; 5 spitz; 6 Kielbogen

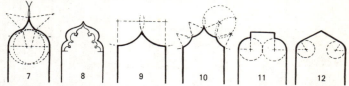

7 Eselsrücken; 8 Flammenbogen mit Nasen (engl. Hochgotik = Decorated); 9–10 Vorhangbogen; 11 Schulterbogen; 12 Tudorbogen

Maßwerk

Frühgotik. Li: negatives M., Chartres, um 1200.
Re: positives M., Reims, 13. Jh.

Hochgotik. Li: geometrisches M., Erfurt, 1360.
Re: Rayonnant-M., Erfurt, 1360.

Spätgotik. Li: Flamboyant, Stuttgart, 1480.
Re: Perpendicular, Gloucester, 1349

Strebewerk

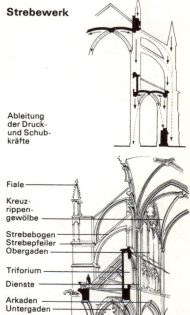

Ableitung der Druck- und Schubkräfte

Fiale
Kreuzrippengewölbe
Strebebogen
Strebepfeiler
Obergaden
Triforium
Dienste
Arkaden
Untergaden
Bündelpfeiler

Strebewerk und Triforium, Auflösung der Wand. Amiens, 1220–69

34 Sakralbau

Frühgotik Frankreich Deutschland

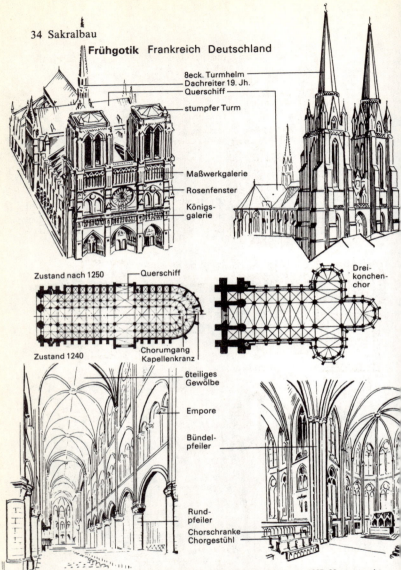

- 8eck. Turmhelm
- Dachreiter 19. Jh.
- Querschiff
- stumpfer Turm
- Maßwerkgalerie
- Rosenfenster
- Königsgalerie
- Zustand nach 1250
- Querschiff
- Zustand 1240
- Chorumgang
- Kapellenkranz
- Dreikonchenchor
- 6teiliges Gewölbe
- Empore
- Bündelpfeiler
- Rundpfeiler
- Chorschranke
- Chorgestühl

Paris, Notre-Dame, 1163–1240. 3schiffige Emporenbasilika. Kapellen 1225. Dienste des 6teiligen Gewölbes beginnen über Rundpfeilern. Fassade horizontal und vertikal ausgeglichen. 2 Türme. Strebewerk.

Marburg, St. Elisabeth, 1235–83, erster einheitlich gotischer Kirchenbau Deutschlands. 3schiffige Hallenkirche mit polygonalem Dreikonchenchor, 2zonigem Wandaufbau, 4teiligem Gewölbe. Doppelturmfassade.

Gotik 35
Frühgotik

England »Early English« — Italien

Salisbury, Kathedrale, 1220–58. Early English. Hoher Vierungsturm, 4teiliges Gewölbe, 3zoniger Wandaufbau mit emporenähnlichem Triforium, darüber Laufgang. 2 Querschiffe, 8eckiges Kapitelhaus mit Fächergewölbe.

Siena, Dom, um 1300. Polychromer Marmorbau, Mosaikfußboden. Strebebogen ins Dach eingezogen. Rund- und Spitzbogen. Trotz gotischer Elemente Frührenaissance-Charakter.

36 Sakralbau
Hochgotik

Frankreich Deutschland

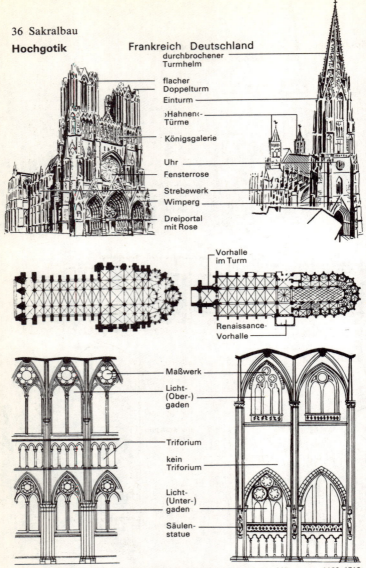

- durchbrochener Turmhelm
- flacher Doppelturm
- Einturm
- ›Hahnen‹-Türme
- Königsgalerie
- Uhr
- Fensterrose
- Strebewerk
- Wimperg
- Dreiportal mit Rose
- Vorhalle im Turm
- Renaissance-Vorhalle
- Maßwerk
- Licht-(Ober-)gaden
- Triforium
- kein Triforium
- Licht-(Unter-)gaden
- Säulenstatue

Reims, Kathedrale, 1211–1311. 3schiffige Basilika mit 3schiffigem Querhaus. Chorumgang mit Kapellenkranz. Doppelturmfassade mit reichem Schmuck. Bedeutende Glasmalerei. Früheste Maßwerkfenster (33*).

Freiburg/Breisgau, Münster, 1190–1513, Langhaus 1220–60, reduziertes Querschiff. »Deutscher« Einturm mit durchbrochenem Turmhelm, 1260–1350. Basilikaler Chor, Umgang und Kapellenkranz ab 1350.

Hochgotik

England »Decorated« Spanien

Gotik 37

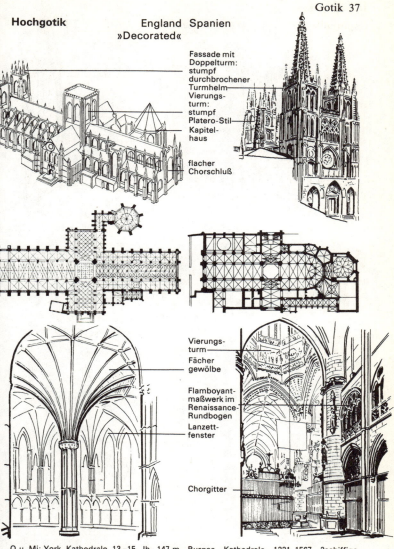

Fassade mit Doppelturm: stumpf
durchbrochener Turmhelm
Vierungsturm: stumpf
Platero-Stil
Kapitelhaus

flacher Chorschluß

Vierungsturm
Fächergewölbe

Flamboyantmaßwerk im Renaissance-Rundbogen
Lanzettfenster

Chorgitter

O u. Mi: York, Kathedrale, 13.–15. Jh., 147 m lang. Chor länger als Langhaus, 3schiffiges Querschiff. Liernengewölbe.
U: Lincoln, Kathedrale, 10eckiges Kapitelhaus, 1220–35, Fächergewölbe.

Burgos, Kathedrale, 1221–1567, 3schiffige Basilika nach französischem Schema mit einschiffigem Querhaus, Chorumgang, Kapellenkranz. Platero-Dekoration. »Deutscher« durchbrochener Turmhelm.

38 Sakralbau
Spätgotik Frankreich   Deutschland

O u. Mi: Vincennes, Chapelle Royale, 1379–1552. Saalkirche nach Vorbild der Sainte-Chapelle, Paris.
U: Albi, Kathedrale, 1282–1390. Saalkirche mit Einsatzkapellen zwischen nach innen gezogenem Strebewerk.

Annaberg, Annenkirche, 1499–1520. Hallenkirche. Die Gewölberippen lösen sich schraubenartig aus den Pfeilern und verschlingen sich zu »gewundenen Reihungen«. Sog. »Schöne Tür«, Überstabungen, reicher Formen- und Figurenschmuck, 1512.

Gotik 39
Spätgotik

England Spanien
»Perpendicular«

Portugal

Cambridge, King's College Chapel, 1446–1515. Saalkirche, 81 m lang. Reihung von 12 Teilräumen mit Fächergewölben. Stabwerk in Fenstern und an den Wänden (Perpendicular-Style). Holzlettner mit Orgel, 1686.

O u. Mi: Sevilla, Kathedrale, 1402–1506. 5schiffige Basilika mit Flankenkapellen auf den Fundamenten einer Moschee.
U: Belém bei Lissabon, Kreuzgang des Hieronymiten-Klosters im üppigen Manuel-Stil, 16. Jh.

Renaissance-Vierung – Mantua, Sant' Andrea, E. 15. Jh., Alberti

SAKRALBAU RENAISSANCE

Im Schutz der Städte blühen Handel und Gewerbe, reifen die neuen Erfindungen heran: Schießpulver, Buchdruck, Kompaß, Globus und Taschenuhr. Abenteurer entdecken neue Länder, Wissenschaftler nähern sich den Gesetzen der Natur, beide bereiten kritisch das neue Weltbild vor. Auf den Universitäten schärft die neue, die »humanistische« Jugend ihren Geist, gelangt sie zu einer weltläufigen geistigen Freiheit, die die kirchenstrenge Gotik nicht kannte. Die städtisch-zünftige Heimat ist ihr zu eng, der Bürger zu spießig geworden. Die Persönlichkeit lehnt sich auf gegen den Typ. Selbstsicher kritisiert sie die Lebensweise, die unelegante gotische Schrift, die schwerfällige deutsche Sprache, ja sogar die Mißverständlichkeiten der Kirche; sie schafft die Gestalt des Reformators, der seine Zeit am tiefsten verwandeln sollte. Da nimmt es nicht wunder, daß die Bauarbeiten an den halbfertigen gotischen Domen fast

Renaissance 41

überall und gleichzeitig eingestellt werden. Statt dessen bezeugen aufwendiger Rat- und Wohnhausbau immer deutlicher das neugewonnene Selbstbewußtsein des Bürgers humanistischer Prägung, der den Priester als Kulturträger abgelöst hat und dessen Gestalt uns – zum erstenmal in der Geschichte des Abendlandes – in zahlreichen Porträts überliefert ist. Vorbild und Anregerin für das »goldene Zeitalter«, das die Humanisten herbeisehnen und in dem »der Mensch das Maß aller Dinge« sein soll, ist die römische Antike.

Deshalb sprechen die Gelehrten lateinisch, schreiben sie die »alte« Schrift, die Antiqua, deshalb vermessen die Künstler den Menschen auf der Suche nach dem idealen Maß und signieren ihre Werke stolz mit ihrem Namen – die Anonymität der gotischen → Bauhütte ist dahin, der Künstler kein Diener mehr, sondern ein Fürst. Von Italien her kommt diese Bewegung. Hier regieren in den Stadtstaaten Gewaltherrscher, im Vatikan die weltzugewandten »Renaissance-Päpste« – aber ein jeder umgeben von einer Corona der erlesensten Geister, wie sie nie zuvor ein Land in solcher Fülle und Genialität gleichzeitig hervorbrachte: Dichter, Maler, Bildhauer, unter ihnen die Universalgenies Leonardo, Michelangelo und Raffael, Bramante und Alberti. Hier werden auch die edlen, maßstrengen Tempelformen der Antike wiedergeboren (Renaissance heißt »Wiedergeburt«) und weiterentwickelt. Der spätgotische Pfeiler ohne Basis und Kapitell wird durch die klassischen Säulenordnungen ersetzt, das vieladrige Gewölbe wird wieder zur Tonne, von mächtigen Gurtbögen unterzogen, der spitze Bogen weicht dem Rundbogen, Portikus und Flachgiebel schaffen ein antikisches Fassadenbild.

Die deutschen und niederländischen Baumeister allerdings mißverstehen die Absicht oft. Die meisten haben weder Italien noch die Bauten der Antike oder der klassischen Renaissance je gesehen. Aus Kupferstichen und Buchdekorationen übernehmen sie die Ornamente, formen sie phantasievoll um (→ Beschlagwerk, Rollwerk, Schweifwerk, → Floris-Stil, → Manierismus) und staffieren die Fassaden ihrer Kleinstadthäuser damit aus, deren Staffelgiebel ihre gotische Herkunft nicht verleugnen können. Die klaren Bauformen der italienischen Renaissance haben sie nur selten aus eigener Kraft geschaffen.

Terrakotta-Medaillon.
Pavia, Kartause
A. 16. Jh., della Robbia

42 Sakralbau

Fenster

1 Rundbogen, Quaderverblendung
2 Rustika in Wandfläche eingebunden

3 Dreiecksgiebelverdachung
4 Segmentgiebelverdachung

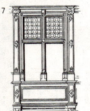

5 Waagerechte Verdachung
6 Manieristische Rustika, Nürnberg

7 Kreuzstockfenster, Orléans
8 Französische Lukarne, Amboise

Kuppel

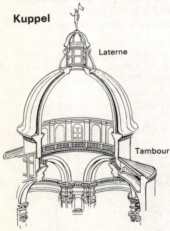

Laterne

Tambour

Pendentif-Kuppel mit belichtetem Tambour

Venedig, Il Redentore, 1513–29, Palladio.

Turm

Welsche Haube

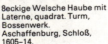

8eckige Welsche Haube mit Laterne, quadrat. Turm, Bossenwerk.
Aschaffenburg, Schloß, 1605–14.

Dekor aus klass. Elementen: ionische Säule, Dreiecksgiebel, Loggia usw.
Amsterdam, Zuyderkerk, 1614. Manierismus.

Renaissance 43

Kapitell

Säule

Groteskenkapitell mit Astragal und Laub

Volutenkapitell, kannelierter Korb

Armbandsäule mit üppiger Dekoration. Frankreich, 1564

Phantasiekapitell. Erote, Eierstab, Blattwelle, Akanthus

Röm.-dor. Säule unter Gebälk und Kämpferplatte

Venezianische Säule mit Phantasiekapitell und Schmucksockel

Kandelabersäule mit gewundener Verstäbung. 16. Jh.

Portal

Manieristisches Ornament

Dreiecksgiebel
Muschel
Gebälk
Masken
ornamentierter Schlußstein
Rundbogen
klassische (hier: ionische) Säulenordnung

kannelierte Säule

Postament mit Beschlagwerk

Portal der deutschen Renaissance, Mischung klassischer und manieristischer Elemente. 1604.

1 Rollwerk-Maskaron, Floris-Stil, 1580
2 Ohrmuschel- und Knorpelwerk, 17. Jh.
3 Kartusche, Beschlag- und Rollwerk, 1610

44 Sakralbau

Italien

Die ideale Kirchenbauform der Renaissance ist der überkuppelte → *Zentralbau* (Abb. 1, 2, 3). Das griechische Kreuz, das Quadrat, der Kreis und ihre Durchdringungen sind wichtigste Bestandteile des Grundrisses. Die liturgischen Bedürfnisse verlangen jedoch den *Langbau*, wie ihn z.B. die Basilika darstellt. Die Synthese dieser beiden Forderungen führt zu 3 Bauprinzipien:

1. – zentralbauartiger Ostteil mit/ohne Kuppel
   – angefügtes mehrschiffiges Langhaus mit Flachdecke oder Tonnengewölbe [Abb. 1 (Ausnahme: gewestet!) und 4]
2. wie 1, jedoch mit unverbundenen Flankenkapellen statt der Seitenschiffe (Abb. 5 und 7; → Wandpfeilerkirche*)
3. mehrere aneinandergereihte Zentralbausysteme, dreischiffig, bes. Padua und Venedig (Abb. 6).

Die Fassaden werden in zunehmendem Maß mit Säulen und → Pilastern*, Rustika- und Spiegelquader-Verblendungen, mit Giebel- und Segmentfenstern (42*) plastisch durchgebildet. → Risalite*, Vorhallen und Verkröpfungen (→ Gesims*) erhöhen die körperhafte Plastik des Baus. Die mächtigen Kuppeln (42*) ruhen gewöhnlich auf einem Tambour und sind von einer Laterne bekrönt.

Zentralbau

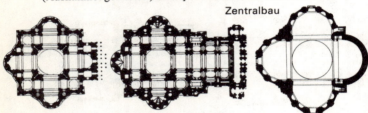

Abb. 1. Rom, St. Peter. Li: Zentralbau, 1546–64, Michelangelo. – Re: mit angefügtem barocken Langhaus, 1607–26, Maderna.

Abb. 2. Rom, San Pietro in Montorio (»Tempietto«), 1502, Bramante. Rundbau mit Kuppel, Säulenkranz nach antiken Vorbildern, darüber Umgang mit Balustrade.

Beschriftungen: Kuppel; zylindrischer Baukörper; Balustrade; Triglyphengebälk; 16 römisch-dorische Säulen; 3stufige Krepis (griech.)

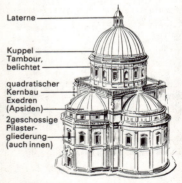

Abb. 3. Todi, Santa Maria della Consolazione, 1508–1608, Bramante-Schüler. Der → Tetrakonchos gilt als der folgerichtigste Zentralbau der Hochrenaissance.

Beschriftungen: Laterne; Kuppel; Tambour, belichtet; quadratischer Kernbau; Exedren (Apsiden); 2geschossige Pilastergliederung (auch innen)

Langbau

Renaissance 45

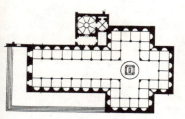

Abb. 4. Florenz, Santo Spirito, 1436 beg., Brunelleschi. Als zentraler Kuppelbau aus 4 Quadraten mit umlaufenden Seitenschiffen geplant, mit angefügtem Langhaus ausgeführt.

a Dreiecksgiebel; b Kranzgesims; c Volute; d Nische; e verkröpftes Gesims; f Doppelgiebel (Segment- und Dreiecksgiebel); g 2geschossige Doppelpilaster.

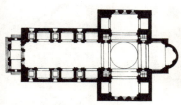

Abb. 5. Mantua, Sant'Andrea, 1472, Alberti. Mittelraum tonnengewölbt, quergewölbte Seitenkapellen wirken als Widerlager (→Wandpfeilerkirche*). Kuppel später (barock). 40*. Vorbild für Il Gesù*.

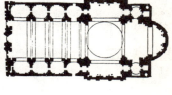

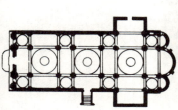

Abb. 6. Venedig, San Salvatore, beg. 1507, Lombardi. Gereihte Kuppeln, je von 4 Nebenkuppeln, Querschiff und 4 schmalen Quertonnen gerahmt. 3-Apsiden-Chor.

Abb. 7. Rom, Il Gesù, 1568–75, Vignola; Fassade: della Porta. Wandpfeilerkirche, ähnlich Abb. 5, aber mit Kuppel und reduziertem Querschiff, Vorbild für zahlr. Barockkirchen.

46 Sakralbau

Deutschland
Die zahlreichen mittelalterlichen Kirchen decken weitgehend auch den Bedarf der Renaissance-Zeit. So finden sich neue Kirchen vorwiegend in neuentstandenen Städten (Freudenstadt), als Hofkirche (München*) oder als Schloßkapellen (Liebenstein und Augustusburg, 47*). Jedoch verhindert die Vorliebe für überreiche manieristische Ornamentik oft die klare Klassizität der italienischen Vorbilder (Liebenstein, vgl. auch 83*).

Frankreich
In Frankreich sind Renaissance-Kirchen noch seltener. Die Fassaden verwandeln die gotische Grundform mit Elementen der italienischen Renaissance (Dijon, 47*), oder sie werden als strengklassische Schauwände gotischen Kirchen vorgebaut (Paris, St-Gervais, 1616, Übergang zum Barock).

Niederlande
Gotische und klassische Details, der manieristische →Floris-Stil, der Wechsel von weißem Haustein und rotem Backstein verbinden sich zu einem überschwenglichen Nationalstil. De Keysers nüchternklare Kirchenbauten in Amsterdam (47*) dagegen wirken bis Dänemark und Danzig.

Spanien zeigt 2 Strömungen:
1. den →Platero-Stil, eine Dekorationsform mit typisch spanischer Überfülle skulpturaler Ornamentik;
2. den asketisch schmucklosen, antikisch-klassischen »Desornamentado«-Stil Herreras (Escorial, 74*) zur Zeit Philipps II.

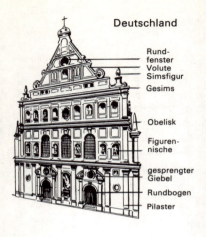

Deutschland
- Rundfenster
- Volute
- Simsfigur
- Gesims
- Obelisk
- Figurennische
- gesprengter Giebel
- Rundbogen
- Pilaster

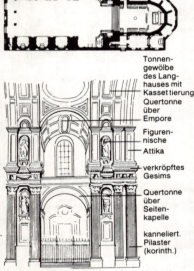

- Tonnengewölbe des Langhauses mit Kassettierung
- Quertonne über Empore
- Figurennische
- Attika
- verkröpftes Gesims
- Quertonne über Seitenkapelle
- kanneliert. Pilaster (korinth.)

München, Jesuitenkirche St. Michael, 1582–97, Sustris und Miller. Bedeutendster frühbarocker Nachfolgebau des →Wandpfeilerkirchen-Schemas von Il Gesù (45*) in Deutschland.

Renaissance 47
Frankreich

Bekrönungs-
skulptur
Rundfenster
Obelisk
Volute
Beschlagwerk
spätgotisches
Kielbogen-
fenster
Pilaster
Halbsäulen
7 Gesimse
spätgotisches
Maßwerk
Renaissance-
Türrahmung

Liebenstein, Schloßkapelle, 1590. Schweifwerk und akzentuiertes Renaissance-Dekor an einem spätgotischen Kernbau.

Dijon, St-Michel, A. 16. Jh. Zweiturmfassade gotischer Abkunft mit Renaissance-Dekor vor einer gotischen Kirche.

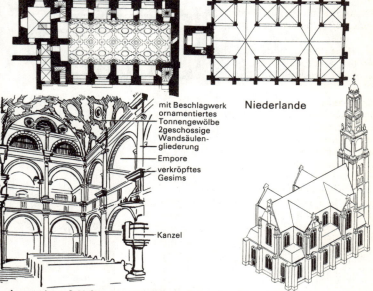

mit Beschlagwerk
ornamentiertes
Tonnengewölbe
2geschossige
Wandsäulen-
gliederung
Empore
verkröpftes
Gesims
Kanzel

Niederlande

Augustusburg, Schloßkapelle, 1568–73, v. d. Meer. Klassische Folge der Säulenordnungen (dorisch, ionisch) zwischen Kapellen und Emporen unter manieristisch ornamentiertem Gewölbe.

Amsterdam, Westerkerk, 1620, de Keyser. Strengste Gliederung des Grundrisses und Aufbaus: 2 Querschiffe, Flachchor, 6geschossiger Turm. Backstein mit kontrastierendem weißen Haustein.

Rokokodekoration – Steingaden, Wieskirche, 1746–54, D. Zimmermann

SAKRALBAU BAROCK

Die Reformation fand in Deutschland fast überall offene Türen. Wo sie aber auf organisierten Widerstand stieß, floß das Blut in Strömen: in dem dumpfen Aufbegehren der Bauernkriege, in den Hysterien der Wiedertäufer und später in den endlosen Schrecken des 30jährigen Krieges. An vielen Orten zerstörte ihr Eifer unersetzliche Kunstwerke, und in den schmuck- und musiklosen Kirchen der Kalvinisten erstarrte sie in der Kälte eigener Unduldsamkeit.

Da sammelt sich im 16. Jahrhundert die katholische Kirche von Italien her zur Gegenreformation. Ihre Absichten sind reaktionär, ihre äußere Form braucht deshalb auch keinen neuen Stil. Aber sie entdeckt die unverbrauchten Kräfte, die in der Weiterentwicklung der Renaissance-Formen liegen, welche ihre Gegner später als »barock« (= schiefrund) verächtlich machen. Das Wesen dieser neuen Baukunst ist Repräsentation. Und wie ein Rausch geht sie über Europa.

Mit ungeheurem Schwung ergreift sie die Fürstenhöfe der zahlreichen absolutistischen Herrscher Europas, verschwendet sich in die Riesenausmaße der Schlösser und Parks und verdoppelt ihre Pracht in den Spiegeln künstlicher Seen. »Barock« wird für 150 Jahre zu einem Lebensgefühl, das alles durchdringt: die Plastik und die Malerei, die sich mühelos und ohne Übergänge dem Bauwerk einfügen, die Musik, die den Hof- und Kirchenfesten letzten Glanz verleiht, Mobiliar, Kostüme und Literatur, ja sogar die Haartracht und die Sprechweise.

Nie wieder bildeten fürstliche Repräsentation und Kirche eine solche Einheit wie in dieser Zeit. In Italien standen der Petersdom in Rom und Il Gesù (45 *) schon an der Schwelle des Barock. Alle Elemente der Renaissance erscheinen im Barock wieder, aber zu äußerstem repräsentativen Schwung gesteigert. Der Kreis im Grundriß der Zentralbauten wuchert zur Ellipse, die Vierungskuppel wächst ins Gewaltige. In den Langbauten dominiert der tonnenüberwölbte Mittelbau, Seitenschiffe und Querschiff verkümmern zu Kapellennischen, die räumlich kaum mitsprechen, jedoch als → Widerlager und als eine zweite Raum-Schale statisch wichtig sind (→ Wandpfeilerkirche *).

Die Fassade gewinnt immer mehr an Bedeutung. Die Häufung plastischer Ornamente, Figuren, Pfeiler, Säulen und Pilaster, Wechsel und Durchdringung konkaver und konvexer Mauerteile verschaffen ihr wuchtige Körperlichkeit. Oft erscheint sie wie ein gewaltiger Theaterbühnen-Prospekt. Die Fassaden-»Fläche« löst sich auf in rhythmisch vor- und zurückschwingende Mauerschwellungen, die ihre Bewegungen in den Innenraum weiterleiten. In der raffinierten Anwendung der Perspektive, ja der optischen Täuschung wetteifern die Architekten mit den Malern: Divergierende Linien täuschen größere Räume vor, Holz wird aus Ersparnisgründen marmoriert, und Stuckfiguren gehen unmerklich in illusionistische Deckenfresken über. Streng erscheint allein die unbedingte Symmetrie – im Ganzen ebenso wie in jedem Teil der Ausstattung – bei aller Weltfreudigkeit immer noch Bild und Gleichnis göttlicher und der absolutistischen Ordnung. (In der Zeit des Zerfalls dieser Ordnung, dem Rokoko, wird bezeichnenderweise die Asymmetrie zum typischsten Stilmerkmal!) Aber der Schatten ist immer dabei. Er heißt Aberglaube und Inquisition, Hexenverbrennung und Hunger des Volkes. Und als sich der Fanatismus der Enterbten mit dem gesellschaftskritischen Geist der Aufklärer verbündet, bietet Frankreich der Welt den blutigen Schlußakt des Barock, die Revolution.

50 Sakralbau

Gewölbe

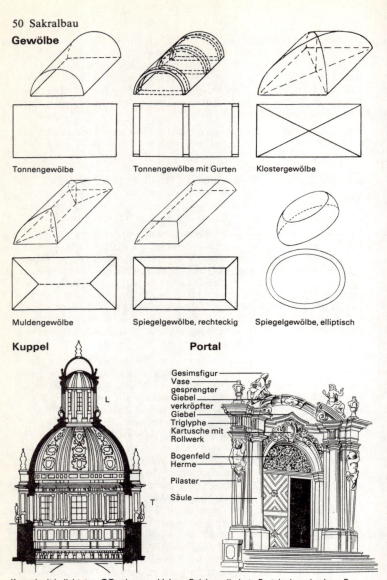

Tonnengewölbe

Tonnengewölbe mit Gurten

Klostergewölbe

Muldengewölbe

Spiegelgewölbe, rechteckig

Spiegelgewölbe, elliptisch

Kuppel

Kuppel mit belichtetem T Tambour und L Laterne.
Salamanca, Clericía, 1614–1755, Mora

Portal

- Gesimsfigur
- Vase
- gesprengter Giebel
- verkröpfter Giebel
- Triglyphe
- Kartusche mit Rollwerk
- Bogenfeld
- Herme
- Pilaster
- Säule

Reich gegliederte Portalanlage, konkave Profilbildung.
Prag, Lorettokloster, 1720, Dientzenhofer

Barock 51

Kapitell

Korinthisches Kapitell
Rom, S. M. in Portico, 1663

Mehrzoniges Pfeilerkapitell
Steinhausen, 1730, Rokoko

Phantasiekapitell, geschweift
Wieskirche, 1750, Rokoko

Dekoration

Rocaille, Rokoko

Bandelwerk, Barock

Putto, Rokoko

Turm

Öffnungen zwischen
Säulen und Pilastern
Rom, S. Agnese, 1666

Durchbrochener
Volutenhelm
Grüssau, 1735

Welsche Haube
St. Gallen, Stifts-
kirche, 1755–67

Zwiebelturm
Luzern, Jesuiten-
kirche, 1666–73

Sakralbau

Rom, Santa Maria della Pace, 1656–57, Cortona. Konkav-konvexe Fassade

Italien

Das System zahlreicher italienischer Barockkirchen (tonnenüberwölbte Saalkirche mit Kapellennischen, zentralbauartiger Ostteil mit Kuppel: Rom, Sant' Andrea della Valle*) wurde schon in der Renaissance entwickelt (Jesuitenkirche Il Gesù in Rom, 45*). Die monumentalere Wirkung des Barock beruht vor allem auf der Massierung und Betonung der stützenden Bauteile (Pilaster, Säulen, vielgestaltiges →Profil* der Fassade und der Gesimse), deren Kraftströme nach oben und zum Altar drängen, sie zeigt sich aber auch in der schweren Dekoration der Gewölbe.

Daneben bleibt immer auch eine klassizistisch strengere Strömung lebendig, die u. a. den →Palladianismus* der späten Renaissance weiterentwickelt (Rom, Fassade von San Giovanni in Laterano, 1733–36).

Oft steht die Barockkirche im Zentrum riesiger Klosteranlagen, oder sie fügt sich harmonisch in die städtebauliche Umgebung von Profangebäuden und Höfen ein. Der →Zentralbau gewinnt zunehmende Bedeutung, sein Grundriß entwickelt sich immer stärker zur Ellipse hin.

Langbau

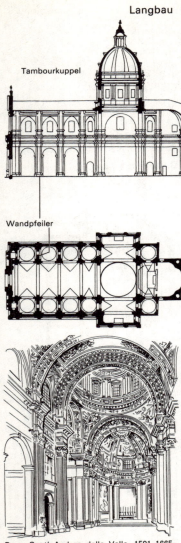

Rom, Sant' Andrea della Valle, 1591–1665, della Porta und Maderna. →Wandpfeilerkirche* mit überkuppelten Kapellennischen, verkröpftem Gesims, reicher Dekoration.

Barock 53

Zentralbau

- Turm nach Vorbild von Sant'Agnese*
- Attika
- Säulen 2geschossig
- Loggia
- Gurtgesims mit Balustrade
- Figurennische
- Fassade und Innenraum konkav-konvex

Rom, Sant'Agnese, 1652–77, Rainaldi und Borromini. Konkave Zweiturmfassade (51*), quadratischer Kuppelraum mit Ecknischen, 4 tonnengewölbte Kreuzarme mit Apsiden.

O u Mi: Rom, San Carlo alle quattro fontane, 1634–63, Borromini.
U: Rom, Sant'Andrea al Quirinale, 1658, Bernini. Querelliptischer Zweischalenbau.

54 Sakralbau

Deutschland

Der Dreißigjährige Krieg (1618–48) hatte die Entwicklung in Deutschland gelähmt. Danach holten zunächst italienische, bald aber schon deutsche Baumeister das Versäumte nach. Die Beispiele zeigen Phasen der Entwicklung:

1. strenger Langbau südeuropäischer Prägung (Seedorf*; München,*), dessen klassizistische Version sich besonders in Frankreich und im protestantischen Nordeuropa durchsetzte;
2. das →Vorarlberger Bauschema* (Weingarten, 55*), die in Süddeutschland und der Schweiz

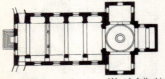

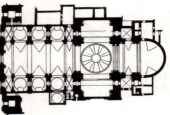

Vereinfachung des →Wandpfeilerkirchen*-Systems von Il Gesù (45*). Seedorf/Schweiz, 1696–99, C. Moosbrugger

verbreitete Variante der →Wandpfeilerkirche*;
3. im süddeutschen Rokoko der zweischalig-elliptische Einheitsraum mit Zentralbaucharakter (Steinhausen, 55*);
4. Integration des Zentralbaus in den Langbau, der schließlich in zentralbauähnliche Parzellen aufgelöst wird und seinen Langbaucharakter weitgehend verliert (Vierzehnheiligen, 56*).

Die Vorliebe für reichgegliederte (Doppel-)Türme mit phantasievollen Hauben, wie sie vorwiegend in Süddeutschland gepflegt wurde, sowie die weniger klassische, dafür malerische Innenausstattung wird besonders im →Rokoko deutlich (Birnau, 55*).

München, Theatinerkirche St. Cajetan, 1663–67, Barelli. Tambourkuppel und Fassadentürme 1668–90, Zuccalli. Fassade 1767, Cuvilliés. Erste Kuppelkirche in Bayern nach Vorbild der Jesuitenkirchen. Kanzel: A. Faistenberger.

Barock 55
Rokoko

Weingarten, Klosterkirche, 1715–23, Moosbrugger, F. Beer, Frisoni. Abweichend vom →Vorarlberger Bauschema*: Freipfeiler schon im Erdgeschoß, konkave Emporen. Monumentale Tambourkuppel. Idealplan der Gesamtanlage →Kloster*.

O u. Mi: Steinhausen, St. Peter und Paul, 1728–33, D. Zimmermann. 2schaliger Zentralbau, ellipt. Hauptraum und Chor. 51*.
U: Birnau, Wallfahrtskirche, 1747–49, P. Thumb. Saalkirche mit Empore. Rokoko-Ausstattung von J. A. Feichtmayr.

56 Sakralbau

Rokoko   Klassik Frankreich

Laterne
Kuppel (3schalig)
Attika mit Voluten
verkröpftes Kranzgesims
Tambour
Frontispiz
Balustrade
Portikus
verkröpftes Gurtgesims

Vierzehnheiligen, Wallfahrtskirche, 1743–71, Neumann. Auflösung des Lang- und Querhauses in ein- und zweischalige Zentralräume (elliptisch und kreisförmig), deren Gewölbegurte →Guarinesken* bilden.
U: Gnadenaltar im Mittelraum.

Paris, Invalidendom, 1675–1706, Hardouin-Mansart. Heute Napoleon-Mausoleum. Alle Maße des Grund- und Aufrisses sind Vielfache oder Teile des Mittelraum-Radius. 2geschossiger, vorgestaffelter Säulenportikus.
U: Obergeschoß.

Barock 57

England

Spanien

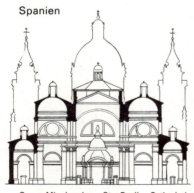

O u. Mi: London, St. Paul's Cathedral, 1675–1710, Wren. Doppelturmfassade mit 2geschoss. Portikus, alle Joche überkuppelt. U: Saragossa, Nuestra Señora del Pilar, 1680 beg., Herrera d. J. Rechteckiger, 3schiffiger Hallenbau mit umlaufenden Kapellen.

Klassik in Frankreich
Seit seinem Beginn lief neben dem Barock eine Strömung einher, die weniger auf Üppigkeit der Dekoration als auf Klassizität der Bauformen im Sinne der Renaissance achtete. Dieser »barocke Klassizismus« fand in Frankreich besondere Pflege. Er führte zu einem »unitalienischen« französischen Nationalstil, der zwar pathetische Kolossalität und Prunk einschließt (Versailles), aber auf Rationalität und mathematischer Gliederung fußt (Paris, Invalidendom, 56*). »Klassik« nennt man deshalb die Zeit zwischen 1490 und 1790 in Frankreich. Ihre Phasen lassen sich am Kirchenbau weniger deutlich machen als am Schloßbau, und selbst die Kirche, die am stärksten jene statisch-akademische Klarheit zeigt, welche sich bewußt vom italienischen Barock fernhält, ist eine Schloßkirche: die Kapelle von Versailles.

Barock England
Nach dem Londoner Brand 1666 baut Christopher Wren 53 Kirchen. Von ihnen verkörpert St. Paul's* am ehesten den Anschluß an den kontinentalen Barock und zählt damit zu den gelungensten der 60 Jahre währenden Barockversuche in England.

Barock Spanien
Spaniens Barock ist aufs stärkste von ungehemmter Dekoration geprägt (→Churriguerismus*); seine Ausstrahlungen lassen sich bis in die Kolonialgebiete in Südamerika verfolgen (→Jesuitenstil*).

Klassizistischer Kuppelbau – St. Blasien, Klosterkirche, 1768–83, d'Ixnard

SAKRALBAU   VOM KLASSIZISMUS ZUR MODERNE
I KLASSIZISMUS

Klassizismus bezeichnet im weiten Sinne alle Kunstrichtungen, deren Vorbild die Antike ist. Insofern gehört auch die Baukunst der Renaissance in Italien zum Klassizismus. In Frankreich und im protestantischen Nordeuropa blieb die klassizistische Richtung, die sich oft an Palladio anschloß, auch im Barock immer lebendig, so daß man z.B. in England kaum von einer reinen Barockkunst sprechen kann. Im engeren Sinne meint Klassizismus den europäischen Kunststil zwischen 1770 und 1830, dessen Anregerin die Antike war.

Klassizismus 59

Im ausgehenden Barock war die Macht des dekadenten Königtums Ludwigs XV. und Ludwigs XVI. ausgehöhlt, mehr und mehr von »Hintergrundspersonen« ausgeübt worden, die Repräsentation hatte in der Unverbindlichkeit des galanten Schäferspiels Ernst und Anspruch verloren. In gleichem Maße löste sich – in Frankreich ebenso wie an den Höfen und Kirchen der zahlreichen europäischen Duodez-Fürstentümer – der massive Prunk des Barock in die verspielte Kleinteiligkeit des Rokoko auf. Die rationalistische Gegenbewegung zum Barock, die Aufklärung, hatte zu gleicher Zeit mit kühler Vernunft die politischen und ökonomischen Ursachen der herrschenden Mißstände bloßgelegt und mit den Schlagworten »Zurück zur Natur« und »Freiheit, Gleichheit, Brüderlichkeit« die große Revolution von 1789 geistig vorbereitet.

Der nüchternen, verstandesbetonten Haltung der Aufklärer entspricht in der Kunst der Klassizismus, der nicht Nachahmung, sondern Erneuerung im Geist der Antike sucht. Er liebt klar und streng gegliederte, symmetrische Monumentalität, durch Maß und Zahl errechnete Gesetzmäßigkeit der Verhältnisse, Sparsamkeit in Farbe und Ausstattung, getreu der Formel: »Edle Einfalt, stille Größe«, die Winckelmann für die griechische Antike gefunden hatte. So ist Klassizismus eine Aufgabe der Bildung, die von den Alten lernen will. Nicht ohne Grund fällt er zeitlich zusammen mit den archäologischen Erfolgen in Ägypten und Pompeji, und für die allgemeine Sammelleidenschaft und den Blick zurück in die Geschichte werden Museen und Denkmäler wichtiger als der spärliche Bau von Kirchen.

Das äußere Bild der klassizistischen Architektur wird bestimmt durch die griechische Tempelstirnwand mit Dreiecksgiebel oder durch den Säulenvorbau (Portikus). Lediglich Lisenen, Pilaster und Gesimse gliedern den Baukörper, und als Dekoration dienen neben Girlanden, Urnen und Rosetten die griechisch-klassischen Dielenköpfe, Perl- und Eierstab, Palmetten und Mäander (→ Ornament*). Der Gesamteindruck bleibt bei aller Monumentalität doch vornehm kühl, oft auch blutleer. Das Thema der Plastik ist der Mensch, ihr Material der weiße, kühle, glatte Marmor. Die Malerei sucht antikische oder historisierende Motive; die klare, harte Linie dominiert gegenüber der Farbe. Die künstlerischen Probleme des → Directoire* (1795–99) und des → Empire* (1800–1830) sind vorwiegend ornamentaler Art; sie bilden den Ausklang der klassizistischen Epoche. So bleibt auch dem Klassizismus, dem letzten großen einheitlichen Stil des Abendlandes, das Schicksal nicht erspart, daß seine schöpferische Kraft zur großen Form in seiner Schlußphase im kleinformatigen Ornament versickert.

60 Sakralbau
Frankreich

Klassizismus

- Attika
- Tambour
- Portikus

Deutschland

Paris, Panthéon, 1764–90, Soufflot. Zentralbau über einem griechischen Kreuz mit korinthischem Säulenportikus. Vierungskuppel mit Säulenumgang am Tambour. 4 Nebenkuppeln über den tonnengewölbten Kreuzarmen. 1791 säkularisiert.

O: Paris, Madeleine, 1806–24, Vignon. Römisch-korinthischer Peripteros mit 3 Oberlichtern, ohne Fenster. Flankentreppe.
Mi und u: Frankfurt, Paulskirche, 1789–92, Heß. Elliptischer Zentralbau, Empore über 20 Säulen. Säkularisiert.

II HISTORISMUS

Im letzten Drittel des 18. Jhs. beginnt in England, Deutschland, der Schweiz die Romantik als Gegenbewegung zu Rationalismus und Klassizismus. Sie schafft in Malerei, Musik und Dichtung aus einem neuen Natur- und Geschichtsbewußtsein eigene Stilformen, aber es entsteht kein neuer Baustil. Vielmehr werden Bauformen früherer Stile katalogmäßig erfaßt und können wie aus Baukästen hervorgeholt und entweder »stilistisch rein« (Wien*) oder in eklektizistischer Mischung (Paris*) zu neuen Bauwerken zusammengesetzt werden. Daneben wirken die neuen Bautechniken des 19. Jhs.: Eisenskelettbau, Beton, Glas. Diese erscheinen unverhüllt (Schinkels gußeisernes Kriegerdenkmal im got. Stil, Berlin-Kreuzberg, 1818) oder verborgen unter einer Außenhaut im Stil und Dekor vergangener Stilepochen (Pariser Oper →Gründerzeit*, vgl. auch Hamburg, 86*). Wo sie ohne historisierende Rücksichten auch die äußere Form bestimmen, gelten sie als nackt und häßlich (Eiffelturm).

Die **Neugotik** zeitigt neben Wohn- und Kommunalbauten einige tausend gotisierende Kirchen. Die Fertigstellung der großen Kathedraltorsen ist die am wenigsten umstrittene Leistung der Neugotik (Kölner Dom). → Purismus.

Die **Neurenaissance**, der →**Rundbogenstil*** der Jahrhundertmitte (aus italienischer Romanik und Renaissance), die **Neuromanik** und der pompöse **Neubarock** der →Grün-

Fortsetzung S. 62

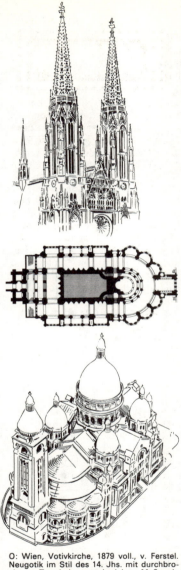

O: Wien, Votivkirche, 1879 voll., v. Ferstel. Neugotik im Stil des 14. Jhs. mit durchbrochenen Turmhelmen und reichem Maßwerk.
Mi und u: Paris, Sacré Cœur, als Sühnezeichen nach dem Krieg 1870/71 im romano-byzantinischen Stil erbaut.

62 Sakralbau

III JUGENDSTIL

Von England (William Morris, 1834–96) geht um 1890 der Versuch einer allumfassenden Lebensreform aus, einer »Humanisierung der bürgerlichen Welt durch die Kunst«. Auf dem Handwerk fußend, will er eine neue Einheit von Baukunst, Malerei, Plastik, Kunstgewerbe im Sinne eines Gesamtkunstwerks herstellen. In der Architektur soll der neue Stil den Historismus überwinden. Merkmale des → Jugendstils sind:
- starke Ornamentierung der funktionalen (z. B. tragenden) und flächenfüllenden Bauteile;
- wellig fließende Linien und Formen nach dem Vorbild organischer Pflanzen (Wasserpflanzen, Lilie usw.), auch Schwan, Flamme, wehendes Haar usw., als Graphik schattenlos; dagegen schattenreich-plastisch bei der Durchformung von Fassade und Möbeln (87 *);
- den organischen Bewegungsfunktionen angepaßte Möbel;
- architektonische Gesamtkunstwerke: Außen-, Innenarchitektur, Teppiche, Möbel, Tapeten, Gebrauchsgegenstände von einer Hand geschaffen.

Kirchenbau ist selten.

Fortsetzung von S. 61

derzeit *, aber auch maurische und ägyptische Stilformen charakterisieren das 19. Jh. Dennoch ist der Historismus Ausdruck der Ehrfurcht vor der vaterländischen Geschichte und den »alten Meistern« und zeigt religiöses und soziales Bewußtsein.

IV MODERNE

Beton, Glas, Eisenskelettbau, neue Erkenntnisse der Statik werden im 19. Jh. von Ingenieuren erprobt und erst gegen 1900 zunehmend von den Baumeistern übernommen (88 *). Die ornamental gestalteten Bauelemente des Jugendstils, z. T. auch die Bauten des Expressionismus, führten noch zur Ununterscheidbarkeit von Dekoration und statischer Struktur. Dagegen postulieren die Neuerer des 20. Jhs. eine neue Ästhetik. Ihre Devise formulierte L. H. Sullivan bereits 1896: »Form follows function« = Die Form ergibt sich aus der Funktion, d. h., die Form von Bauten und Einrichtungen wird vorwiegend nach ihrer praktisch-nützlichen Funktion gewählt. Dem entspricht der Verzicht auf Ornamentik (Otto Wagner: »Ornament ist Verbrechen«) und alle Bauteile, die nicht zugleich »aktiver Bestandteil der Konstruktion« sind. Das konstruktive Gerüst wird als ästhetischer Wert ausdrücklich zur Schau gestellt (Liverpool, 63 *). Kubus und rechter Winkel werden bevorzugt. Der Wohnungsbau aus vorgefertigten Bauteilen, nüchterne, zweckmäßige Verwaltungs- und Wohnhochhäuser, Kirchenbauten »ohne geistige Rückversicherung« sowie Ingenieurbauten großen Ausmaßes (Autobahn, Hochstraße, Flugplatz, Bahnhof) aus Beton, Stahl und Glas tragen am deutlichsten den Stempel der modernen Architektur. Ihre intelligente Kühle vermischt sich im Gesamtbild der Stadt oft reizvoll, aber nie vollkommen mit den älteren Häusern traditioneller Bauweise.

Frankreich

Moderne 63

England

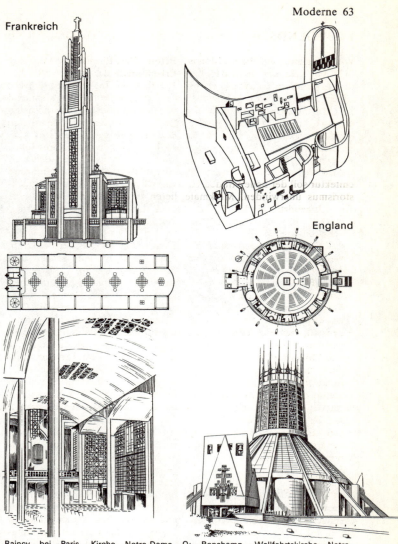

Raincy bei Paris, Kirche Notre-Dame, 1922–25, Perret. Quertonnen der Seitenschiffe und Längstonne des Mittelschiffs sind aus Spannbeton und machen ein Strebewerk unnötig. Fenster aus vorgefertigten Betonglaselementen.

O: Ronchamp, Wallfahrtskirche Notre-Dame-du-Haut, 1950–55, Le Corbusier. Plastisch wirkende hohle Sichtbetonschalen.
Mi und u: Liverpool, Kathedrale Christ the King (Königskrone!), 1962–67, Gibberd. Zentralbau; Beton und Farbglas.

Barockschloß – Wien, Oberes Belvedere, 1720–23, v. Hildebrandt

PFALZ · BURG · SCHLOSS

Von den Pfalzen der karolingischen Zeit und der Romanik ist nur wenig erhalten geblieben. Palas und Pfalzkapelle (Aachen, 18*, 66*) sind ihre architektonischen Hauptbestandteile. Pfalzen sind Residenzen mittelalterlicher Kaiser, Könige und Bischöfe. Sie waren über das ganze Reichsgebiet verteilt und wurden abwechselnd vom Herrscher besucht, der selber meist keinen festen Wohnsitz hatte.

Pfalz · Burg · Schloß 65

Die mittelalterliche Burg ist dagegen dauernder Wohnbau. Niederburgen – meist als Wasserburgen angelegt – sind im Lauf der Jahrhunderte häufiger zerstört worden als Höhenburgen, die deshalb vorwiegend unsere Vorstellung vom Burgenbau geprägt haben. Die folgende Systematik der Burgtypen (nach Herbert de Caboga) ist hilfreich:

1. Die **Ringburg** und der einzeln stehende Wohnturm (frz. Donjon, engl. Keep) entstehen aus der normannischen »Motte« (68*);
2. die **byzantinisch-arabische Viereckanlage** geht auf das römische Castell zurück (69*);
3. **unregelmäßige Burganlagen** zeigen die Abhängigkeit vom Baugelände (67*, 70).

Die Verbreitung der schweren Feuerwaffen im späten Mittelalter stellt den Verteidigungswert der Burg immer mehr in Frage. So wird sie – nach mancherlei Übergangsformen – in Renaissance und Barock vom Schloß oder Palast abgelöst. Die klotzigen, breitgelagerten und quaderverblendeten Palazzi der italienischen Früh- und Hochrenaissance greifen mit ihren mehrgeschossigen Säulenordnungen, mit Kranzgesims und atriumähnlichem Innenhof stark auf antike Bauformen zurück (72*). Dagegen verdecken deutsche und französische Schlösser und die Burgen der iberischen Halbinsel ihre gotische Herkunft oft nur schlecht durch antikisierende Details und eine Überfülle manieristischer Ornamente (73 f.*) Die italienische Spätrenaissance weist mit ihrer → Kolossalordnung* (Palladio!), ihren Figuren auf der → Attika auf den Barock voraus (Pal. Valmarana, 72*). Deutschland und Frankreich lieben das Schaudach mit Zwerchgiebeln, Gaupen und Mansarden. Die Ecktürme werden betont, Treppentürme oft zu Wundern der Architektur gebildet. Der spanische Escorial (74*) setzt die Maßstäbe für den barocken Schloß- und Klosterbau.

Der Lebensstil der Feudalherren des 17. und 18. Jahrhunderts steht aufs stärkste unter dem Einfluß Ludwigs XIV., des Sonnenkönigs. Die monumentale Schloßanlage von Versailles, die Dekoration seiner Zeit und der seiner Nachfolger bestimmen in vielfältigen Abwandlungen den Stil der Schlösser und Residenzen in den Fürstentümern Europas. Dem strengen barocken Hofzeremoniell entspricht die Symmetrie der äußeren Form; die Betonung einzelner Teile der Anlage (Ehrenhof, Treppenaufgänge, Empfangssäle, → Galerien, Theater usw.) dient der Befriedigung eines aufs höchste gesteigerten Bedürfnisses nach Repräsentation. Der Rechteckbau (Wien, 75*), der Ehrenhof des Dreiflügelbaus (Würzburg, 76*) und die großzügigen Gartenanlagen (→ Gartenkunst*) öffnen das Barockschloß auch nach außen hin. Die kleinen, intimen Schlößchen und Stadtpalais (→ Hôtel*) des Adels verkörpern schon Anfang des 18. Jahrhunderts das Bestreben, der erstarrten Hofetikette zu entfliehen. In ihren Salons werden die Dekorations- und Lebensformen des Rokoko und des frühklassizistischen Louis XVI-Stils entwickelt.

66 Pfalz · Burg · Schloß

Pfalz

Burg Elemente

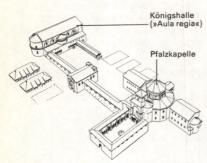

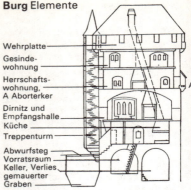

Königshalle (»Aula regia«)
Pfalzkapelle

Wehrplatte
Gesindewohnung
Herrschaftswohnung, A Aborterker
Dirnitz und Empfangshalle
Küche
Treppenturm
Abwurfsteg
Vorratsraum
Keller, Verlies
gemauerter Graben

Aachen, karolingische Pfalz, um 800. Pfalzkapelle 18*

Wohnturm, System (nach de Caboga)
Re Außenseite, Li Innenhofseite

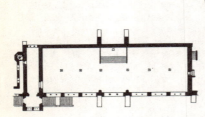

Wehrgang. Li: nach innen und außen vorkragend.
Re: Maschikulis hinter steinerner Brüstung.

Goslar, Kaiserpfalz, 1050 bis 13. Jh., salisch. 2 übereinanderliegende 2schiffige Saalbauten 15 × 47 m. Rekonstruktion des 19. Jhs.

1 Pechnase
2 Aborterker
3 Schlüsselloch-, Kreuz- und Maulscharten

Romanik, Gotik 67

Schema einer mittelalterlichen Burg

Nach Herbert de Caboga

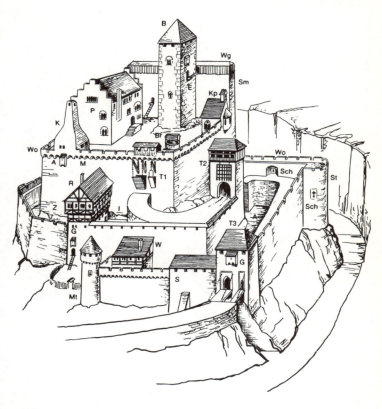

B	Bergfried	S	Stallungen
G	Gußerker	W	Wohngebäude für Knechte; Schmiede
E	Eingang zum Bergfried	Mt	Mauerturm
Sm	Schildmauer mit hölzernem Wehrgang	R	Wohngebäude für ritterliche Dienstmannen
P	Palas, Kemenate	Ä	Äußere Vorburg
Br	Burghof mit Brunnen	I	Innere Vorburg
K	Küchenbau	Z	Zwinger
Kp	Kapelle	St	Schalenturm
T1	Burgtor mit Mannloch (Schlupfpforte), Zugbrücken mit Schwungruten	Sch	Schießscharte
		A	Aborterker
T2	2. Tor mit Fallgatter	M	Maschikulis
T3	Torturm, Zugbrücken mit Rollen-Ketten	Wg	Wehrgang, gedeckt
Po	Poterne (Ausfallpforte) mit Palisaden	Wo	Wehrgang, offen, auf der Ringmauer (Zingel, Bering)

68 Pfalz · Burg · Schloß

Zentrale Burganlage
Motte

Wohnturm
Donjon, Keep

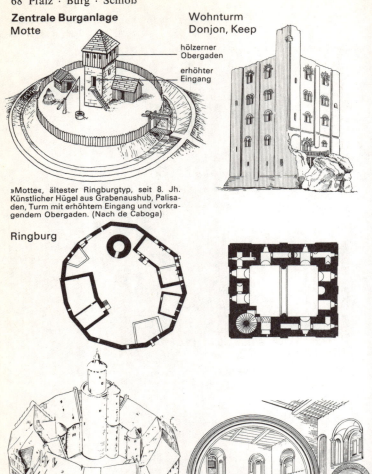

»Motte«, ältester Ringburgtyp, seit 8. Jh. Künstlicher Hügel aus Grabenaushub, Palisaden, Turm mit erhöhtem Eingang und vorkragendem Obergaden. (Nach de Caboga)

Ringburg

Büdingen/Hessen, Ringburg »Ministerialenburg« für unfreien Dienstmann. Grundriß: Zustand E. 12. Jh. – U: Mit Um- und Anbauten der Gotik und Renaissance.

Hedingham/Essex, normannischer »Keep«, 1. H. 12. Jh., Grundriß und Innenansicht des 1. Obergeschosses: 2geschossiger Raum, durch Schwibbogen geteilt. Zickzackfriese.

Romanik, Gotik, Vorläufer 69

Byzantinisch-arabische Viereckanlage

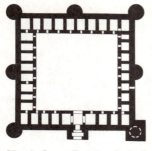

Ribat in Sousse/Tunesien, 8. Jh. Quadratische Anlage; arabische Burg mit 45 Einzelwohnungen der ordensähnlich lebenden maurischen Ritter.

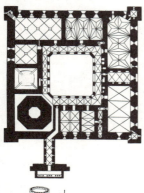

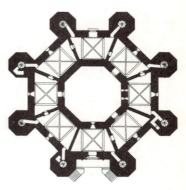

Rehden/Westpreußen, Deutschordensburg, beg. 1310. Wohnräume, Komtur, Remter, Kapelle und Bergfried nach arabischem Vorbild um quadratischen Innenhof geordnet.

Castel del Monte/Apulien, um 1240, Friedrich II. Abwandlung des arabischen Bauschemas in symbolhafte Achteck-Formen und Acht-Teilungen. Staufisch.

70 Pfalz · Burg · Schloß   Romanik, Gotik

Unregelmäßige Burganlage
Deutschland

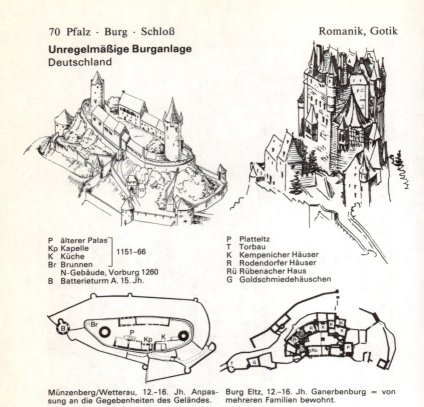

P älterer Palas ⎤
Kp Kapelle   ⎥ 1151–66
K Küche   ⎥
Br Brunnen   ⎦
N-Gebäude, Vorburg 1260
B Batterieturm A. 15. Jh.

P Platteltz
T Torbau
K Kempenicher Häuser
R Rodendorfer Häuser
Rü Rübenacher Haus
G Goldschmiedehäuschen

Münzenberg/Wetterau, 12.–16. Jh. Anpassung an die Gegebenheiten des Geländes.

Burg Eltz, 12.–16. Jh. Ganerbenburg = von mehreren Familien bewohnt.

Frankreich

1 Vorwerk (Barbakane), heute hier Kirche St-Gimer
2 Ost-Vorwerk
3 Schloßhöfe
4 Pulverturm
5 Rondengang (Zwinger) zwischen doppeltem Mauerring
6 Aufgang

Carcassonne/Südfrankreich, Burg an den Stadtmauern, 12.–13. Jh. Burg und Stadt, von doppeltem Mauerring umschlossen, haben ihren mittelalterlichen Charakter bewahrt.

Gotik 71

England

Schloß, Palast

Italien

Ha Halle, H Herd
P Podium
S Trennwand (»screen«)
M Musikertribüne

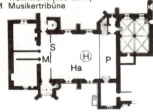

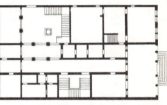

Penshurst Place, um 1340 beg., Halle mit offenem Herd und Herrschafts-Podium.

Venedig, Ca' d'Oro, 15.Jh., 3geschossige Loggien kontrastieren mit der Wandfläche.

Frankreich

Avignon, Papstpalast, 1334–70 für die exilierten Päpste erbaut. Eingangsseite.

Bourges, Palais Jacques-Cœur, 15. Jh. Wohn- und Handelssitz eines Kaufmanns.

72 Pfalz · Burg · Schloß

Italien

Renaissance
Frührenaissance

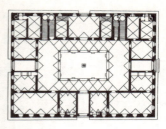

Florenz, Palazzo Strozzi, beg. 1489, da Maiano. 3geschossiger blockhafter Baukörper mit Rustikaverblendung. Breites Kranzgesims (komplizierte Konstruktion, weil ohne Auflast). Fenstergesimse. Atriumähnlicher Innenhof mit 3geschossigen Loggien.

Hochrenaissance

- Kranzgesims
- Bossenwerk
- Gurtgesims
- Wechsel von Dreiecks- und Segmentverdachungen
- Quaderverblendung

Rom, Palazzo Farnese, Untergeschosse 1534, Sangallo d.J.; Obergeschoß 1548, Michelangelo. Kubischer Baukörper mit Fensterbrüstungen. Innenhofgeschosse mit der klassischen Säulenordnungsfolge: dorisch, ionisch, korinthisch. – Re: Detail vom Kranzgesims.

Spätrenaissance

- Gesimsfigur
- Attikageschoß
- Kranzgesims
- Atlant
- Korinthische Pilaster in Kolossalordnung
- Mezzaningeschoß
- Rustika

Vicenza, Palazzo Valmarana, 1566, Palladio. Pilaster in →Kolossalordnung* fassen das rustizierte Erdgeschoß und das Obergeschoß zusammen. Plastiken schmücken Attikageschoß und Hausecken. Das Obergeschoß wird durch Fensterbrüstungen betont.

Renaissance 73

Frankreich

Chambord/Loire, Schloß, 1519–33, Nepveu, gen. Trinqueau. Die Dachterrasse des Donjons mit zahlreichen phantasievoll dekorierten Kamin-Häuschen, die eine begehbare Miniaturstadt bilden, und die doppelläufige Wendeltreppe bezeugen den Einfluß des Manierismus.

Azay-le-Rideau/Loire, Wasserschloß, 1518–29. Pseudo-Wehranlage (Wehrgang, Türme) als ländlicher Herrensitz.

Blois/Loire, Schloß, um 1520. Der Treppenturm öffnet sich als schraubenförmiger, reich ornamentierter Balkon zum Hof.

Portugal

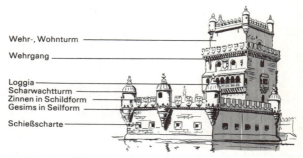

Wehr-, Wohnturm
Wehrgang
Loggia
Scharwachtturm
Zinnen in Schildform
Gesims in Seilform
Schießscharte

Belém bei Lissabon, Hafenturm, 1515–21. Das pittoreske Gebäude ist berühmtes Beispiel für den formenreichen →Emanuel-Stil des »gótico oceânico«, zeitparallel zum spanischen →Isabell-Stil und zur italienischen Hochrenaissance.

74 Pfalz · Burg · Schloß   Renaissance
Deutschland

Heidelberg, Friedrichsbau des Schlosses, 1601–04, Schoch. Manierismus: stärkere Betonung der Senkrechten, Wechsel von Pilastern und Figuren, Armbandsäulen, überreiche Dekoration, Volutenzwerchgiebel.

Aschaffenburg, Schloß, 1605–14. Nahezu symmetrische Viereck-Anlage um einen quadratischen Innenhof nach französischen Vorbildern. 4 Treppentürme in den Hofecken, 4 Ecktürme.

Spanien

Escorial bei Madrid, 1563–89, de Toledo und J. de Herrera. Vorhof, Kirche und Wohnpalast bilden die W-O-Achse der symmetrischen Anlage; Palast, Schule und Hofhaltung liegen im N-Teil, das Kloster im S. Das Bauschema wirkt bis in den süddeutschen Barock (Weingarten →Kloster*). Schmuckloser »Desornamentado«-Stil Philipps II.

Barock 75

Schema eines Barockschlosses
Rechteckanlage

Schnitt
1 Frontispiz
2 Treppenhaus
3 Auffahrtrampe zur Durchfahrt
4 Freitreppe
5 Treppenflanke mit Sphinx-Postament
6 Durchfahrt für Karossen
7 Postament mit Putten und Kandelabern
8 Haupttreppe
9 Treppenpodest vor dem Großen Marmorsaal
10 Passage
11 Gartensaal (Sala terrena)
12 Großer Marmorsaal, 2geschossiger Festsaal
13 Altan, Söller

Untergeschoß
14 Sommerzimmer
15 Gesellschaftszimmer
16 Gesellschafts- und Spielzimmer
17 Offene Galerie
18 Offenes Kabinett
19 Kapelle
20 Speisezimmer für Offiziere
21 Zimmer
22 Bedientenzimmer
23 Gemeiner Gang
24 Bratküche
25 Passage
26 Küche
27 Vorküche
28 Konditorei
29 Offener Gang
30 Tafeldeckerei

1. Obergeschoß
Piano nobile

31 Vorzimmer (Antichambre)
32 Konferenzzimmer
33 Parade- und Audienzzimmer
34 Spiegelsalon
35 Tafel-(Speise-)Zimmer
36 Kaffeezimmer
37 Spielsalon
38 Bildergalerie
39 Marmoriertes Kabinett
40 »Cabinet«
41 Schlafzimmer
42 Vorzimmer
43 Buffet, Schenkzimmer
44 Bediententreppe
45 Garderobe
46 Bildersammlung, »Cabinet«
47 Bibliothek

Großes Bauprogramm eines Barockschlosses am Beispiel Oberes Belvedere, das Prinz Eugen 1720–23 in Wien für sich bauen ließ. Baumeister: L. v. Hildebrandt. Schnitt durch Treppenhaus und Mittelpavillon, Grundrisse des Erdgeschosses und des 1 Obergeschosses (Piano nobile). Gesamtansicht Gartenseite 64*

76 Pfalz · Burg · Schloß
Deutschland

Barock
Dreiflügelanlage

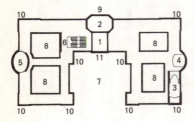

1 Weißer Saal
2 Kaisersaal
3 Hofkirche
4 Speisesaal
5 Rondellsaal (Theater)
6 Treppenhaus
7 Ehrenhof (Cour d'honneur)
8 Innenhöfe
9 Mittelrisalit Gartenseite
10 8 Eckrisalite
11 Mittelrisalit Stadtseite

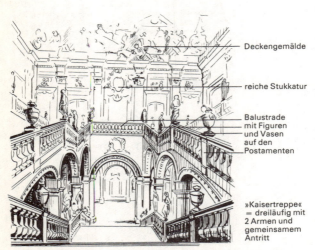

— Deckengemälde
— reiche Stukkatur
— Balustrade mit Figuren und Vasen auf den Postamenten
— »Kaisertreppe« = dreiläufig mit 2 Armen und gemeinsamem Antritt

Würzburg, Residenz, Stadtseite, 1719–46, Neumann u. a. Breite Flügelbauten mit je 2 Innenhöfen, Eck- und konvexen Mittelrisaliten. Kolossalordnung. Vom Ehrenhof Zugang zum Weißen Saal (Vestibül) und 8eckigen Gartensaal (Sala terrena), darüber der 2geschossige Kaisersaal. Berühmtes Treppenhaus mit sog. Kaisertreppe (→ Treppe*).

England

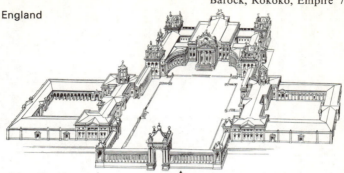

Deutsches Rokoko

Blenheim Palace, 1705-24, Vanbrugh. Schwerer Barock in kompakten Bauformen. Vom Hauptgebäude führen Viertelkreis-Bauten und Kolonnaden zu den Flügeln mit rustizierten Ecktürmen und Höfen.

◀ Stuttgart, Schloß Solitude, 1763-67, de la Guêpière. Auf einem Steinsockel mit Freitreppe und Terrasse erhebt sich das eingeschossige, symmetrische Gebäude mit Eckrisaliten und elliptisch überkuppeltem Hauptsaal. »Ornamentaler« Grundriß.

Empire

Bruchsal, Schloß, 1720-32, v. Welsch. Ausgerundete Wandecken, paneelierte Flächen. Unsymmetrische Rocailleformen lösen den Übergang zur bemalten Decke auf.

Paris, Salon im Empire-Stil, um 1806, Percier. Dekoration nach pompejanischen Vorbildern, aber auch mit repräsentativer Starre. Ornamente in Stuck und Bronze.

Renaissance-Fachwerk – Alsfeld, Rathaus, 1514

BÜRGER- UND KOMMUNALBAUTEN

Romanik. Der geringen Bedeutung der romanischen Stadt entspricht auch die geringe Anzahl ihrer städtischen Wohn- und Repräsentationsgebäude. Die wenigen unverändert auf uns überkommenen Steinhäuser sind von schwerer Massivität und geben nur eine schwache Vorstellung vom frühmittelalterlichen Städtebau, dessen Wohnhäuser nur selten aus Stein gebaut waren (80*).

Gotik. Die Rat- und Zunfthäuser der Gotik sind repräsentativ gesteigerte Wohnhäuser. Dabei spielt in Mittel- und Nordeuropa der →Fachwerkbau* eine große Rolle, dessen vorgekragte Stockwerke den Wohnraum in den engen Städten ein wenig vergrößern. Die erhaltenen Fachwerkbauten stammen zumeist aus der Spätgotik (80*). – Der Steinbau

Bürger- und Kommunalbauten 79

hat glanzvolle Zeugnisse des Bürger- und Standesstolzes hinterlassen.
Von gewaltigen Ausmaßen sind die breitgelagerten Saalbauten der
Stadt-, Kauf- und Gildehäuser Flanderns mit hohen Türmen (Belfried
und städtisches Waffenarsenal) und nahezu allen Ornamenten, die man
auch an den großen Kathedralen findet (Ypern, 81*). In Italien erinnern
Zinnen und der schlanke Einturm an die wehrhaften Stadtburgen und
Geschlechtertürme, die sich der Adel im frühen Mittelalter errichtete.
Die deutschen Rat- und Zunfthäuser nehmen sich ihnen gegenüber
meist bescheiden aus. Dennoch sammeln sie mit Maßwerk, Fialen und
Skulpturen reichen Ornamentschmuck auf ihre Schauwand (80*–81*).

Renaissance. Palazzo und vornehmes Wohnhaus in Italien bevorzugen
einen Innenhof mit mehrgeschossigen Säulenarkaden, → Mezzaningeschoß* und Pilastergliederung (82*). – In Deutschland wird das Fachwerkhaus gern mit steinernen Arkadenlauben unterbaut, die vorkragenden Stockwerke ruhen auf reichgeschnitzten und bemalten → Konsolen*; Rosetten, Erker und hohe Schaudächer kehren häufig wieder.
Beim Steinbau vermittelt das manieristische Schweifwerk zwischen den
Stufen des gotischen Staffelgiebels, und die Fülle der Dekoration (Palmetten, Rosetten, Grotesken, Rustika- und Spiegelquader, Muscheln,
Allegorien, Hermen und Säulen oft ohne tragende Funktion) wird zum
Maß der bürgerlich-städtischen Repräsentation (83 f.*). Erst spät bildet
sich eine eigenständige deutsche Renaissance (84*). – In England tritt
der noble Palladianismus von Inigo Jones neben den spätgotischen Eli-
zabethan- und den manieristischen Jacobean-Style (82*). – In langen
Zeilen stehen die schmalen, strengen, vielstöckigen Gilde- und Wohnhäuser der Niederlande nebeneinander.

Barock. Holland, England und Norddeutschland haben sich kaum je so
weit in den Barock vorgewagt wie Belgien (85*). Ihre Wohn- und Repräsentationsgebäude sind klassizistisch-kühler und wirken – besonders in
Holland – mehr durch farbliche Gegensätze des Materials (grauer Hau-
und roter Backstein) als durch starke Ornamentik. – Süddeutschland
und Österreich lieben mit Laub- und Bandelwerk phantasievoll stuk-
kierte oder bemalte Rokokofassaden von geringer Klassizität.

Klassizismus. Das griechisch-antike Bildungsideal des Bürgers, das sich
im großen Stil in den tempelähnlichen Schauspiel-, Museums- und Rat-
hausgebäuden manifestiert, spiegelt seine strengen, klaren Formen auch
im Wohnhaus wider. Besondere Bedeutung erlangt die Stadtplanung
(Karlsruhe, 86*). Bald schon mischen sich die historisierenden Tenden-
zen des 19. Jahrhunderts mit den neuen Techniken des Eisenskelettbaus
(Hamburg, 86*). Die oft schon fabrikmäßig hergestellten Einrichtungs-
gegenstände und Ornamentfriese sind frühe Zeugnisse des beginnenden
Industriezeitalters.

Sh. auch Jugendstil 62, Moderne 62, 88 f.

80 Bürger- und Kommunalbauten

Romanik, Gotik
Frankreich

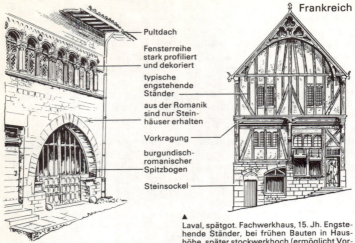

- Pultdach
- Fensterreihe stark profiliert und dekoriert
- typische engstehende Ständer
- aus der Romanik sind nur Steinhäuser erhalten
- Vorkragung
- burgundisch-romanischer Spitzbogen
- Steinsockel

Laval, spätgot. Fachwerkhaus, 15. Jh. Engstehende Ständer, bei frühen Bauten in Haushöhe, später stockwerkhoch (ermöglicht Vorkragungen).

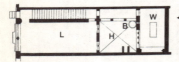

◄ O u. Mi: Cluny, romanisches Haus, nach 1159. Der Laubengang an einer Hofseite verbindet Vorder- und Hinterhaus. L Laden, H Hof, B Brunnen, W Werkstatt. Romanisch-burgundischer Spitzbogen.

Deutschland

St-Gilles/Südfrankreich, roman. Haus, Untergeschoß verändert. Fenstergesimse z.T. mit Zickzackfries. Kreis- und Dreipaßdekor.

Lüneburg, spätgot. Wohnhaus, mit Staffelgiebel, Stichbogenfenstern, Blendarkaden und phantasievollen Backsteinverbänden.

Gotik 81

Deutschland

Italien

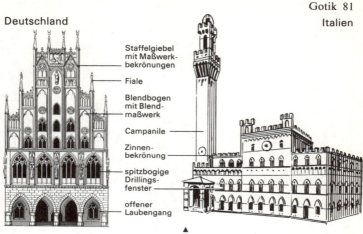

- Staffelgiebel mit Maßwerkbekrönungen
- Fiale
- Blendbogen mit Blendmaßwerk
- Campanile
- Zinnenbekrönung
- spitzbogige Drillingsfenster
- offener Laubengang

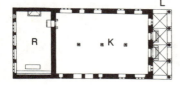

▲ Siena, Palazzo Pubblico (Rathaus), 1289. Die blockhafte, waagerechte Lagerung weist schon auf die klassische Strenge der Renaissance-Palazzi voraus (72*).

◄ O u. Mi: Münster, Rathaus, um 1335, Schauwand, einem Spitzgiebel vorgeblendet. Erdgeschoß: L Gerichtslaube, K Kaufhaussaal, darüber der ebenfalls 2schiffige Bürgersaal; R Ratslaube 15. Jh.

Belgien

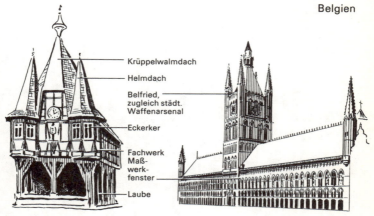

- Krüppelwalmdach
- Helmdach
- Belfried, zugleich städt. Waffenarsenal
- Eckerker
- Fachwerk Maßwerkfenster
- Laube

Michelstadt, Rathaus, 1484, Fachwerkbau. Offene Markthalle, darüber die Amtsräume; von Eckerkern flankierte Schauseite.

Ypern, Tuchhalle, 1302–80. Saalbau, 133 m lang. Beispiel für etliche andere reiche Rathäuser, Tuch- und Fleischhallen Flanderns.

82 Bürger- und Kommunalbauten — Renaissance

Italien

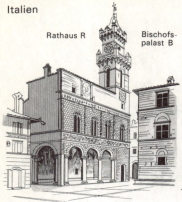

Rathaus R — Bischofspalast B

Kathedrale K — Palazzo Piccolomini P

Pienza, Stadtzentrum, beg. 1459. Neben Stadtplanungen, z. T. nach röm.-antiken Plänen, die utopisch sind (»Sforzinda« von Filarete, um 1455; Leonardos kreuzungsfreie Stadt), oder auch realisiert werden (Palmanova bei Triest, 1552–1616, Scamozzi), gewinnt die Gestaltung von Plätzen größte Bedeutung. Die Neugestaltung von Pienza ist dafür beispielhaft: Jeder Standort gewährt wechselvolle, harmonische Anblicke.

England

Balustrade
verkröpftes Gesims
Pilaster- und Säulengliederung
Rustika
Dreiecks- und Segmentverdachung

Chester, Stanley Palace, 1591, frühelizabethanisches »Black-and-white«-Halbfachwerk mit 7 Quergiebeln, kurvigen Streben und großen, vielmals senkrecht und waagerecht unterteilten Fenstern.

London, Whitehall, Banqueting House, 1619–22, Jones. Kubischer Bau des englischen →Palladianismus, der für 4 Jahrhunderte eine nie völlig unterbrochene klassizistische Tradition begründet.

Renaissance 83
Deutschland

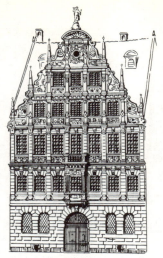

Nürnberg, Pellerhaus, 1592, Wolff. Seit Mitte des 16. Jhs. bemühen sich nordeuropäische Baumeister, die aus Italien importierte Renaissance durch eigenwillige Ornamentik mit dem eigenen Bauempfinden zu verknüpfen, das sich nur schwer vom got. Staffelgiebel und Fachwerk löst. Schweifwerk verschleift die Staffeln, Ornamente des →Floris-Stils überwuchern die Fassade und den »italienischen« Arkadenhof.

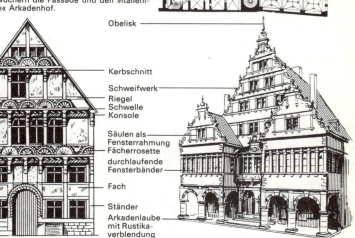

- Obelisk
- Kerbschnitt
- Schweifwerk
- Riegel
- Schwelle
- Konsole
- Säulen als Fensterrahmung
- Fächerrosette
- durchlaufende Fensterbänder
- Fach
- Ständer
- Arkadenlaube mit Rustikaverblendung

Höxter, Hüttesches Haus, 16. Jh. Geschnitztes und bemaltes Fachwerk mit typisch ostwestfälisch-niedersächsischen Fächerrosetten über den Vorkragungen, die auf Konsolen stehen.

Paderborn, Rathaus, 1612–16. Bes. typisch für die »Weser-Renaissance« sind das niederländisch-manieristische Schweifwerk, die Laubenerker und Säulchen als Rahmung der Fensterbänder.

84 Bürger- und Kommunalbauten
Deutschland
Renaissance

Untergeschoß Augsburg, Zeughaus, 1602–07, Holl.

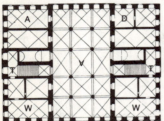

Wurde in Augsburg 1487 der erste deutsche Renaissance-Bau, die Fuggerkapelle, noch von ital. Baumeistern gestaltet, so bilden sich im späten 16. Jh. deutsche Baumeister zunehmend in Italien, bes. an Palladio. Sie verbinden ihre neuen theoretischen Kenntnisse mit eigenständigem Geschmack. Bau- und Schmuckteile werden z.T. barock-derb (Zeughaus*), das außen schmuckarme Rathaus* dagegen atmet trotz Giebeln und Türmen die Ruhe ital. Palazzi. In Augsburg beginnt und endet die deutsche Renaissance.

Augsburg, Rathaus, 1615–23, Holl. Kubischer Baukörper mit überhöhtem Mittelbau und T Flanken-(Treppen-)türmen.
V Vorhalle, darüber der 2geschossige »Goldene Saal«* mit reichster Dekoration. Über A Archiv, D Durchgang und den W Wachträumen liegen 4 Festsäle (»Fürstenstuben«)

Barock, Rokoko

Niederlande | Belgien

- Schaudach
- Dreiecksgiebel
- Kolossalordnung (ionisch)
- Freitreppe (römisch)

Den Haag, Mauritshuis, 1633–44, Campen.

In den 29 Gildehäusern der Grand' Place in Brüssel* sucht das wohlhabende Bürgertum Flanderns den Anschluß an den repräsentativen Barock des Adels. Ihre »Stapelfassaden« sind mit dem ganzen Arsenal manieristischen und frühbarocken Dekors beladen. –

Daneben löst besonders in Nordholland eine klassizistische Strömung den skurrilen Manierismus ab. Sie deutet italienische Vorbilder zu eigenständiger, gelassener Monumentalität um (Den Haag*).

Brüssel, Grand' Place, 1698–99

Deutschland

Wasserburg/Inn, Kernsches Haus, 1780. Dem massigen Baukern mit breitem Dachüberstand und schweren Laubenarkaden geben die bewegten Formen der Erker mit ihren geschwungenen Dächern und Konsolen, besonders aber der bemalte Stuckdekor die heitere Note des süddeutschen Rokoko.

86 Bürger- und Kommunalbauten Klassizismus, Historismus

Berlin, Schauspielhaus, 1818–21, Schinkel. Durchdringung kubischer Körper.

Paris, Arc de Triomphe, 1806–36, Chalgrin. → Empire. Vorbild: Rom, Titusbogen.

Karlsruhe, Marktplatz, beg. 1803, Weinbrenner. Ähnlich großräumige Stadtplanungen entstehen auch in Paris, München, Berlin, Rom.

Moderner Eisenskelettbau in Verbindung mit Historismus

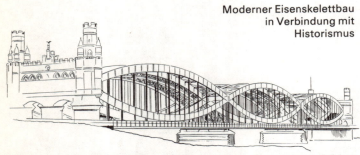

Hamburg, Straßenbrücke über die Nordelbe, 1884–88, Meyer u. a. Die neugotischen Brückenköpfe sind als symbolhafte Überhöhung des rein funktionalen Eisenskelettbaus der Brücke gedacht. Vgl. 61.

Jugendstil 87

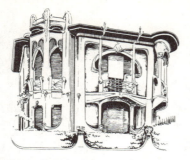

Florenz, Haus des Schneiders Caraceni, um 1900, Michelazzi.

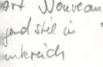

Paris, Metro-Eingang, Detail, 1899–1904, Guimard. Barocke Jugendstilvariante.

Barcelona, Casa Batlló, 1902–07, Gaudi. Skulptural aufgefaßte Fassade.

Ecole de Nancy, Eßzimmer, 1903–06, Vallin. Auch in anderen Zentren (Brüssel, Darmstadt, München, Glasgow) vertreten überragende Künstlerpersönlichkeiten ortsgebundene Varianten des Jugendstils.

88 Bürger- und Komunalbauten — Moderne

Baustoffe
Neben den herkömmlichen Materialien wie Stein, Mörtel, Holz, Glas besonders: Eisen, Stahl, Beton, Kunststoffe für das konstruktive Gerüst sowie für Außen- und Innenwände von Skelettbauten.

Bautechniken
1 Stahlbeton-Rahmenbinder, am Boden als →Piloten ausgebildet, tragen ausragende Decken und Dach. Vorhangfassade (→ »Curtain wall«).

2 Offene Halle auf nach innen verlegten Stützen. Die Verspannung der Stahlgerüstglieder erlaubt weit vorkragende Dächer.

3 Bewehrte Betonsäule und -decke.

4 Stahlbetonstütze und Übergang in U Unterzug und P Plattendecke.

5 Pilzdecke.

6 Strukturgerüst für vorgefertigte Stahlbetonbauten mit Curtain walls und variabler Innengliederung.

Bauschulen
Deutscher Werkbund, 1907. Dem Maschinenzeitalter entsprechende funktionsgerechte Bauten, bes. Fabrik, Theater. P. Behrens, B. Paul, W. Gropius, H. van de Velde.

Expressionismus, 1910–25. Funktionale Bauten, abstrakten Plastiken ähnlich; fußt auf dem Jugendstil. E. Mendelsohn, F. Höger, H. Poelzig, D. Böhm, R. Steiner.

Bauhaus (89*), 1906–33. Bedeutendste Kunstschule des 20. Jhs. Handwerkliche Grundausbildung; Industrieprodukte und Bauten in kubischen Formen und Primärfarben; Curtain walls. W. Gropius, J. Itten, H. van de Velde, M. van der Rohe.

Futurismus, 1909. Italienische Theoretikerbewegung propagiert Pläne für mechanisierte Stadt »wie eine riesige lärmende Maschine«. F. T. Marinetti, G. Balla, C. Carrà.

De Stijl (89*), 1917, Niederlande. Kubistische Architektur, gleiche Farben für vergleichbare Bauteile, funktionale, variable Inneneinteilung. J. Oud, Th. van Doesburg, G. Th. Rietveld.

Konstruktivismus (89*), 1920–30, Rußland. Verbindet die Ideen von Futurismus, Stijl und Werkbund zu einer Architektur im Sinn und Dienst der sowjetischen Gesellschaftsordnung. M. Ginsburg, W. Tatlin, El Lissitzky, auch Le Corbusier (89).

Internationaler Stil, seit etwa 1922. Summe der technischen und kompositorischen Errungenschaften des modernen Funktionalismus, die sich weltweit durchgesetzt haben. Ausschaltung aller »passiven« = dekorativen Elemente; Zweckbauten, bei denen nur Bauteile verwendet werden, die selber aktive Bestandteile der Konstruktion bilden.

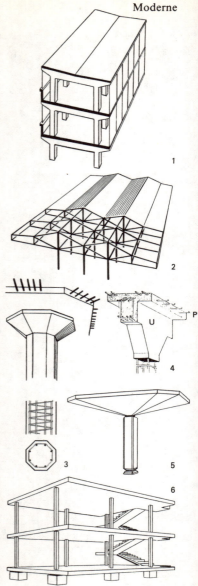

Moderne 89

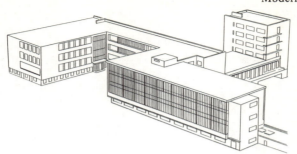

Dessau, Bauhaus, 1925–26, Gropius. 3 L-förmige kubische Baukörper (Schule, Modellfabrik, Wohnheim) mit Curtain walls (= Vorhangfassaden aus Spiegelglas) und mit Fensterbändern. Pilzdecke (88*) im Untergeschoß.

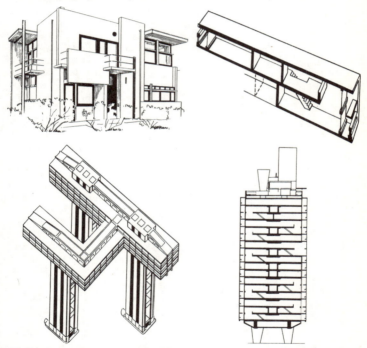

Mi: Utrecht, Schröder-Schräder-Haus, 1924, Rietveld; de Stijl-Bau, Umsetzung der Malerei Mondrians in kubistische Architektur.
U: »Wolkenbügel«, Entwurf, 1924, El Lissitzky. Konstruktivismus.

Marseille, Unité d' Habitation für 400 Familien, 1946–52, Le Corbusier. Pilotenstützen. Zentrale Korridore erschließen Appartements* mit 1½ Stockwerken zu 2 × Modulor = 2 × 2,26 m. → Proportionslehre*.

BILDLEXIKON

Ädikula. Rom, Pantheon

Adlerpult. Aachen, Dom, Gotik

Akanthus. Griechische Antike

Abakus, Deckplatte des → Kapitells. 10*
Abfasen → Fase*
Abhängling → Schlußstein 2*
Abseite, das Seitenschiff einer Kirche.
Abwalmen → Dachformen 3*, 4*
Accoudoir → Chorgestühl*
Ädikula* (lat. Häuschen, gemeint ist Haus Gottes), vielseitig gebrauchte Bez. 1. für einen kleinen Aufbau in Form einer Tempelfront zur Aufstellung einer Statue; – 2. in frühchristl. Zeit für ein Grabgebäude; – 3. im frühen Mittelalter für Privatkapelle; – 4. heute allg. für ein kleines offenes (Giebel-)Gebäude von geringer Tiefe, das von Stützen getragen und mit der Rückseite an eine Wand gebaut ist; – 5. Tabernakel auf dem → Altar.
Adlerpult*, Lesepult in Form eines Adlers (vielleicht nach dem Attribut des Evangelisten Johannes), dessen ausgebreitete Schwingen das Buch tragen. Im → Chor, auf dem → Lettner oder → Ambo zu finden.
Adorant (lat.), Anbetender zu Füßen Christi oder Mariä. Oft auf Gemälden, → Grabmälern oder → Epitaphien*.
Agnus Dei → Symbole 1; → Attribut*
Akanthus*, A. mollis L., oft irrtümlich mit Distel oder Bärenklau übersetzter Name einer Pflanze, deren schöne Blattform in der Bauplastik, bes. beim korinth. Kapitell (10*) seit etwa 420 v. Chr. und bei dessen röm. Abwandlungen (z. B. Kompositkapitell, 13*), verwendet wird. Die Romanik stilisiert den A. oft stark um, Renaissance und Barock nehmen ihn in seiner antiken Form wieder auf.

Akroterion, 1. → Bauplastik, 10*; – 2. → Ornament*

Allegorie*, Personifikation eines abstrakten Begriffs in erkennbarem Bezug zum Gemeinten, z. B. Kind mit Blüten für »Frühling« (im Unterschied zum → Symbol*). → Tugenden und Laster*; die Sieben Freien → Künste*; die 7 Werke der → Barmherzigkeit*; Fürst der → Welt*; → Musen*; → Ecclesia und Synagoge*.

Allegorie. Totentanz der Frauen, Holzschnitt, Gyot Marchant, E. 15. Jh.

Altan → Balkon*

Altar* (lat. alta ara, vulgär altare = erhöhte Opferstätte). Die notwendigen Teile des A.s sind: *Mensa** (lat. Tisch) = Altarplatte; *Stipes** (lat. Klotz) = Unterbau; *Sepulcrum* (lat. Grab) = Reliquienraum. Zur zusätzlichen Ausstattung gehören: *Tabernakel** oder → *Ädikula** = Gehäuse auf der Mensa zur Aufbewahrung des Allerheiligsten; → *Antependium** oder *Frontale* = Behang oder Vorsatztafel, die den Stipes verhüllen; *Retabel* = Altaraufsatz, mit Gemälden oder Skulpturen geschmückte Rückwand, die im Mittelalter mit der Mensa fest verbunden ist und in der Gotik zum Flügelaltar erweitert wird; *Altarblatt* = Gemälde als Mittelstück des Retabels; das *Ciborium** = Überbau aus 4 Ecksäulen, auf denen ein Dach ruht; → *Baldachin* = Überdachung, die über dem A. aufgehängt ist.

Li: Tischaltar. Regensburg, Allerheiligenkapelle, 12. Jh. Romanik
Re: Kastenaltar. Regensburg, St. Stephan, 10. Jh.

Blockaltar. Italien. Romanik

Zu unterscheiden sind:
a) nach der Aufstellung: der *Hochaltar* = Fronaltar (A. des Herrn) vor oder in der → Apsis; die *Nebenaltäre*, die den Heiligen geweiht sind;
b) nach ihren Formen: der *Tischaltar** aus Platte und Stützen; *Kastenaltar** mit großem Reli-

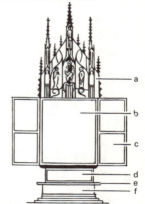

Flügelaltar, gotisch. a Gesprenge; b Schrein; c Flügel; d Predella; e Mensa; f Stipes

Ciborium über einem Sarkophagaltar. San Clemente di Casauria, 12. Jh.

Tragaltar, Portatile. Paderborn, Franziskanerkirche, E. 11. Jh.

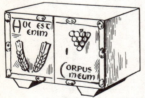

Altartabernakel, modern

Ambo. Typ des 6. Jhs., im 11. Jh. aus altem Material zusammengesetzt. Castel Sant'Elia bei Nepi/Italien

quiengrab im Innern des Stipes; *Blockaltar** mit blockartigem Stipes und vorgekragter Mensa; *Sarkophagaltar** (bes. seit dem 16. Jh., auch früher) in der Form oder unter Verwendung eines Sarkophags. Der *Flügelaltar** hat seine Blütezeit im 15.–16. Jh., bes. in Deutschland, den Niederlanden, NO-Frankreich, Skandinavien. Bei ihm dient eine *Predella** (Altarstaffel auf der Mensa) als Reliquiengrab und als Untersatz für den feststehenden *Altarschrein**. Diesem sind links und rechts Flügel* angesetzt. Schrein, Flügel und meist auch Predella werden mit geschnitzten (Schnitzaltar) oder gemalten Bildern versehen. Mit mehreren Flügelpaaren lassen sich die Ansichten abwandeln *(Wandelaltar)*. Spätgotische Schreine tragen ein *Gesprenge**, eine zierlich-durchsichtige Anordnung von → Fialen* und Schmuckformen, auch Figuren auf Konsolen und unter Baldachinen.

c) nach ihrer Ortsgebundenheit: der *feste A. (altare fixum)* und der *Tragaltar** *(altare portatile)* als kleiner Reisealtar in der Form eines Tisch- oder Blockaltars oder als Klappaltärchen (Diptychon, → Triptychon*).

Ambo*, auch → Bema, Brüstung mit Lesepult an altchristlichen Chorschranken; an der S-Seite für die Lesung der Epistel, an der N-Seite für die Verlesung des Evangeliums. Vorform der → Kanzel; im modernen Kirchenbau gelegentlich wieder aufgegriffen. → Epistelseite; → Evangelienseite.

Amorette → Bauplastik*

Amphiprostylos, antike Tempelform mit Säulenvor- und Rückhalle. 9*

Amphitheater → Theater*
Ante, Antenpfeiler, vorspringende Seitenwand des antiken Tempels.
Antentempel, griech. Tempelform ohne Ringhalle mit verlängerten Cellawänden (= Anten), diese bilden eine Vorhalle (Pronaos), in deren Öffnung 2 Säulen eingestellt sind. 9* – Der Doppel-A. weist auch eine entsprechend ausgebildete Rückhalle (Opisthodomos) auf, die aber keinen Zugang zur Cella hat. 9*

Antependium, sog. Baseler A., 11. Jh. Paris, Musée de Cluny. Romanik

Antependium* → Altar
Anthemion → Ornament*
Anuli (Einz. Anulus), schmale Ringe am dorischen Kapitell. 10*
Apostel*, oft an den Mittelschiffsäulen oder am mittelalterlichen Kirchenportal dargestellt, wobei Paulus stets für den fehlenden Judas Ischarioth auftritt. Matthias, der für diesen nachgewählt wurde, wird dagegen selten gezeigt. Für Petrus, Paulus und Johannes werden bald feste Typen gebildet, seit dem 13. Jh. kann man schon alle A. an ihren → Attributen erkennen. Die Waffen stellen dabei die Werkzeuge ihres eigenen Martyriums dar. Die → Evangelisten* unter

Andreas
schräges Kreuz
(Andreaskreuz)

Bartholomäus
Messer,
geschundene Haut

Jacobus major
Pilgertracht mit
Muschel

Jacobus minor
Fahne oder
Walkerstab

Johannes
bartlos, Kelch
und Schlange

Judas Thaddäus
Keule

Matthäus
Winkelmaß, Beil,
Hellebarde

| Paulus Schwert | Petrus ein oder zwei Schlüssel | Philippus Kreuzstab (Antoniuskreuz) | Simon Säge | Thomas Winkelmaß oder Lanze |

Haupt- und Nebenapsiden. Li: Schnitt durch die Hauptapsis, Hildesheim, St. Michael, 11. Jh.

Römischer Aquädukt. W Wasserrinne. Nîmes, Pont du Gard, 1. Jh.

den A.n treten hier nicht mit ihren Evangelistensymbolen auf.

Apotropäische Plastik, → Bauplastik (Neidkopf*) zur Abwehr böser Geister.

Apsis* (griech. Bogen, Krümmung [vom Rad des Sonnenwagens]), auch Apside, Koncha, Exedra, Tribuna, Presbyterium. Altarnische am äußersten Chorende (Chorhaupt). Ihre halbrunde Form stammt aus dem röm. Sakral- und Profanbau. Hauptapsis am Mittelschiff mit dem Hochaltar, Nebenapsiden an Seiten- und Querschiffen mit Seitenaltären. Seit der karolingischen Zeit wird der A. ein Chorhaus (→ Chor, → Querhaus Abb. 3) vorgelagert. Die Gotik bildet die A. zum polygonalen Chorabschluß (Chorschluß) aus (→ Chor*).

Aquädukt* (lat. aquae ductus = Wasserleitung), römisch-antike Anlage, im besonderen eine Bogenbrücke, mit der eine Wasserrinne offen oder verdeckt im natürlichen Gefälle des Wassers in eine Siedlung geleitet wurde. Berühmt sind die A.e in Nîmes und Segovia.

Arabeske, stilisiertes Ranken- → Ornament* des Hellenismus und der Renaissance, naturalistischer als die → Maureske.

Architrav* (griech. epistylion), der waagerecht auf den Säulen aufliegende Balken in der antiken Baukunst und in den von ihr abhängigen Baustilen. 10*

Archivolte* (it. vorderer Bogen), 1. die Stirn und die Laibung eines Rundbogens (→ Bogen*), als ein zum Halbkreis gebogener → Architrav* über den Stützen einer Laibung zu verstehen; – 2. im roman. und got. Gewändeportal jeder Bogenlauf, der die Gliederung der → Gewände fortsetzt, in der Romanik oft in Form eines → Rundstabes. Sie sind häufig mit Bänderfriesen (bes. in der Romanik) oder Figuren (Gotik) besetzt.

Arkade* (lat. arcus = Bogen), Bogenstellung oder eine fortlaufende Reihe von Bogen auf Pfeilern oder Säulen. A. nennt man auch einen Laufgang, dessen eine oder beide Seiten durch mehrere Bogenstellungen geöffnet sind (Bogengang). Die *Blendarkade** öffnet die Wand nicht, gliedert sie nur dekorativ. Dagegen bilden die *Zwergarkaden* unter dem Hauptgesims roman. Choranlagen einen nach außen geöffneten Laufgang, die *Zwerggalerie**. → Laube*

Artes liberales → Künste*
Aspis → Symbole 2*
Astragal, Perlstab, → Ornament*
Astwerk → Ornament*
Atlant, Atlas → Bauplastik*
Atrium, 1. zentraler, meist nach oben geöffneter Raum antiker Wohnhäuser; – 2. → Narthex*.
Attika, 1. niedrige Wand über dem Haupt- → Gesims eines Gebäudes,

Nîmes, Pont-du-Gard, 1. Jh. n. Chr., mittleres Teilstück (gesamt → Aquädukt*).Werksteinquader ohne Mörtel. Die Kragsteine für das Lehrgerüst (Rekonstruktionsversuch im mittleren Geschoß) wurden nicht abgemeißelt.

A Architrav

Ornamentierte Archivolten in einem romanischen Gewändeportal. Saintes, W-Frankreich, 12. Jh.

Arkade. a Blendarkade; b Zwergarkade, -galerie. Köln, St. Aposteln, beg. 1 H. 11. Jh. Romanik

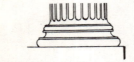

Attische Basis

Attribut Johannes des Täufers: Lamm Gottes (Agnus Dei) mit Kreuzfahne (Labarum). Chartres, Nordportal der Kathedrale, 13. Jh. Gotik.

mit der das Dach verdeckt werden soll (Paris, 86*), oft mit Figuren bekrönt; – 2. im Innenraum die schmale Wandfläche, die zwischen zwei Gesimsen verläuft und sich so zwischen das (meist Tonnen-)Gewölbe und die Stützen schiebt. Antike, Renaissance (München, 46*), Barock, Klassizismus. *Attikageschoß* heißt ein niedriges Geschoß über dem Hauptgesims, bes. ital. Spätrenaissance (Pal. Valmarana, 72*) und frz. Barock.

Attische Basis*, Säulenfuß der attisch-ionischen Säule aus 2 Wülsten (Torus = Wulst) und dazwischenliegender Hohlkehle (Trochilus), im Gegensatz zu den kleinasiatischen Formen ohne → Plinthe. 10*

Attribut* (lat. attributum = das Hinzugefügte), Gegenstand, der einer figürlich dargestellten Person als Kennzeichen beigegeben ist und sich auf deren Stellung, auf Wunder oder auf bes. Ereignisse in ihrem Leben bezieht, z. B. Dreizack des Neptun, Schlüssel des hl. Petrus. → Apostel*; → Heilige; → Musen*; → Nothelfer.

Aureole → Heiligenschein 3*

Auskragung*, das Vorspringen, »Vorkragen« aus der Bauflucht 1. eines Bauteils, z. B. Kragsteins (→ Konsole*), → Gesimses*, → Erkers*; – 2. eines Fachwerkgeschosses, um den Wohnraum zu erweitern oder/und als Gegengewicht (Konterlast) für Zwischendecken-Belastungen.

Auslucht*, bes. an den Wohnhäusern der Renaissance üblicher →Erker des Erdgeschosses oder mehrerer Geschosse an einer oder beiden Seiten der Haustür.

Azulejo → Kachel

Backsteinbau*, ein aus gebrannten Ziegeln (= Backsteinen) aufgeführter Bau, dessen Außenseite oft unverputzt und unverkleidet bleibt. Im Abendland zuerst von den Römern angewendet (→ Mauerwerk II* und IV*), wird der Backstein von den Byzantinern übernommen und teils im Wechsel mit Naturstein verwendet, teils zu reinen Backsteinbauten aufgeführt. Das Vorbild der lombardischen B.ten des 10. und 11. Jhs. wird für die bedeutende mittelalterliche B.-kunst in der norddeutschen Tiefebene und in den Niederlanden maßgebend. In N- und NO-Deutschland entwickelt der B. seit dem 12. Jh. bis in die späteste Gotik hinein seine schönsten Möglichkeiten (Brandenburg*). Dabei werden die zerbrechlichen gotischen Zierformen meist vermieden oder vereinfacht und die gekrümmten Profile des Maßwerks, der Fenster- und Portallaibungen aus Formsteinen* (in bes. Formen gebacken) zusammengesetzt. Der herb-gewaltige Eindruck dieser Bauten rührt von den glatten Riesenflächen her, die großlinig von Blendspitzbögen, Zier- und Quergiebeln (→ Zwerchgiebel, →Zwerchhaus*) aufgelockert werden. Dunkle Glasursteine zeichnen architektonisch wichtige Stellen aus und beleben den sonst einfarbig roten Bau. Sh. auch Albi, 38*

Li: Auskragungen an Obergeschoß und Erker eines Fachwerkhauses. Wiedenbrück, 16. Jh.
Re: Ausluchten zu beiden Seiten eines Wohnhauseingangs. Lüneburg, um 1500.

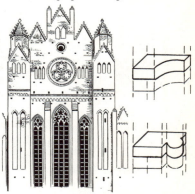
Li: Backsteinbau. Chorin, Zisterzienserkirche, E. 13. Jh. bis 1334. Norddeutsche Backsteingotik. Zahlreiche →Rüstlöcher in der Fassade. – Re: Formsteine

Backsteingotik → Backsteinbau

Baldachin* (urspr. kostbarer Seidenstoff aus Baldacco = ital. Bezeichnung für Bagdad), 1. Prunkhimmel aus Stoff über Thron, Bischofsstuhl, → Altar, Bett (→ Lambrequin*) oder – an Stangen tragbar – über dem Allerheiligsten bei

Li: Baldachin über einer Statue. Gotik
Re: Balkone. Bordeaux, um 1800. Klassizismus

Altan. Trier, Kurfürstliches Schloß, 1754-68. Barock

Balustrade. a Baluster; b Postament

Verkündigungsengel mit Banderole, 12. Jh., Romanik

Prozessionen; – 2. das kleine steinerne, schirmartige Schutz- und Prunkdach über (got.) Statuen und über Kanzeln.

Balkenkopf, 1. Geisipodes = Zahnschnitt am Gebälk des antiken Tempels. 10*; – 2. →Fachwerk*

Balkon* (frz.), offener Austritt mit Brüstung am Obergeschoß. Ruhen die Stützen der Kragplatte auf dem Boden, heißt er *Altan** oder *Söller* (lat. solarium).

Baluster* (Docke, Togge) rundes oder vieleckiges Säulchen aus Stein oder Holz, meist stark geschwellt und profiliert, das eine Brüstung oder ein Geländer trägt. Eine solche Anlage heißt *Balustrade** und wird von Postamenten flankiert.

Bandelwerk, barockes →Ornament*; 51*.

Banderole*, Bandrolle, Spruchband, Schriftband auf mittelalterlichen Bildern, bes. der Gotik, von Figuren gehalten oder frei im Bild. Ihr Text erklärt die dargestellte Person oder Szene oder gibt an, was die Person gerade zu sagen hat.

Bandrippe → Gewölbe 3, Abb. 3b

Baptisterium* (lat. Taufgebäude), selbständiger, häufig achteckiger Zentralbau, der in altchristlicher und mittelalterlicher Zeit (4.–15. Jh.) meist westlich von einer Bischofskirche errichtet wird. Er ist Johannes d. T. geweiht. Im Taufbecken (→ Piscina, in der Mitte des Raumes) wird der Täufling untergetaucht. Mit dem Verschwinden dieser Sitte setzt sich der →Taufstein* in der Kirche durch.

Barbakane, Vorwerk einer Burg. Carcassonne, 70*

Barmherzigkeit, die 7 Werke der,*
Darstellungszyklus der christlichen Kunst seit dem 12. Jh. (nach Matth. 25,34 ff.). Ursprünglich 6 Werke: Hungrige speisen, Dürstende tränken, Nackte bekleiden, Obdachlose beherbergen, Kranke besuchen, Gefangene erlösen. Seit dem 13. Jh. kommt dazu: Tote bestatten (wohl als Folge der großen Epidemien). In neuerer Zeit treten zu diesen 7 »leiblichen« die 7 »geistlichen« W. d. B.: Sünder zurechtweisen, Unwissende lehren, Zweifelnden recht raten, Betrübte trösten, Lästige geduldig ertragen, Beleidigungen gern verzeihen, für Lebende und Tote beten.

Basilika* (griech. Königshalle),
1. ursprünglich das Amtsgebäude des Archon Basileus auf dem Markt von Athen;
2. röm. Markt- oder Gerichtshalle*, die gewöhnlich von Seitenschiffen flankiert ist und zuweilen in einer halbrunden Tribuna (→ Apsis) endet;
3. altchristlicher Kirchenbau*. Das Mittelschiff (A) des Langhauses, einer langgestreckten Säulenhalle, gewölbt oder mit offenem oder verschaltem Dachstuhl, ist wesentlich höher als die 2–4 Seitenschiffe (Abseiten, B) und hat eine Fensterzone (Lichtgaden, Obergaden) über deren Dächern. Die Säulen sind durch gerades Gebälk (→ Architrav) oder durch Bogenstellungen (→ Arkade) verbunden, die die Seitenwände des Hauptschiffes (Scheidmauern) tragen und mit diesen zusammen zugleich Haupt- und Seitenschiffe voneinander abscheiden (Scheidbogen). Anstelle des röm. Tribunals bzw. der Marktaufsicht (→ 2.) steht der Bischofs-

Baptisterium. Albenga/Italien, 6. Jh., frühchristlich. Außenansicht; Innenansicht mit Piscina.

Das 5. Werk der Barmherzigkeit: Kranke besuchen. Basel, Münster, Galluspforte am Nordquerhaus, E. 12. Jh.

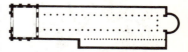

Aspendos, römische Basilika

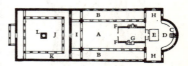

Frühchristliche Basilika, Idealplan (nach Rom, San Clemente, 4. Jh.)

Schema einer frühchristlichen Basilika

Frühchristliche Basilika. Rom, Alt-St. Peter, 326 geweiht.

Basilika, Schnitt. Sigolsheim/Elsaß, 12. Jh. Romanik

Li: Atlas. Prag, Portal des Clam-Gallas-Palais, 1707, M. Braun-von-Braun
Re: Karyatide, Kore. Athen, Erechtheion, 420–410 v. Chr.

sitz (→ Kathedra, C) in der Apsis (D) hinter dem Altar (E). Reich verzierte → Chorschranken (F) grenzen den Raum für Altar, Sängerchor, Kleriker und die Lesepulte (→ Ambo, G) gegen die Laien hin ab. Erweiterungen der Anlage durch ein Querschiff (Querhaus, Transept, H), einen → Narthex (Vorhalle, I) und einen offenen Vorhof (Atrium oder Paradies, J) mit Säulenumgang (K) und Reinigungsbrunnen (L). Türme wurden erst später beigefügt und stehen meist abseits. Sh. auch 14f.*.
Die Weiterentwicklung der B. und ihre Bereicherung geschehen durch → Krypta*, → Vierung*, Chorhaus (→ Chor, →Querhaus*), → Gewölbe*, Türme (→ Turm), → Stützenwechsel*, → Empore*, → Triforium*, → Westwerk, 19*, u. a. In der Spätgotik verliert die B. durch die Hallenkirche (→ Kirchenbauformen*), in Renaissance und Barock durch → Zentralbau* und Saalkirche (→ Kirchenbauformen*) an Bedeutung.

4. *Pfeilerbasilika*, hat → Pfeiler als Stützen.

5. *Pseudobasilika* → Kirchenbauformen*.

Basis, Säulenfuß, 10*; Pfeilerfuß.

Bauhütte, ursprünglich die Werkstatt, später die Gemeinschaft der Bauleute und Steinmetzen an einem mittelalterlichen Kirchenbau (in Deutschland, Frankreich, England seit dem 13. Jh.). Aus dem Zusammenwirken von Architekt, Maurer und Bildhauer erklärt sich der einheitliche Eindruck mittelalterlicher Kathedralen. Aus den deutschen Haupthütten in Straßburg, Köln, Wien, Regensburg und Bern und ihren zahlreichen unterstellten kleineren B.n gehen die Anfänge der »Freimaurer« (Zunftfreiheit!) hervor. Mit dem Rückgang des Kathedralbaus im 15. Jh. wird die B. von den Zünften verdrängt.

Bauplastik*, im Zusammenhang mit der Architektur stehende Plastik am Außenbau oder im Bauinnern. Reine Ornamente (z. B. Friese) oder plastische Gliederungen des Baus (Lisenen, Maßwerk usw.) gehören zur Ornamentik. Von ihr unterscheidet sich die figürliche Darstellung, die sowohl als Statue = Standbild wie auch als Relief auftritt. Blütezeiten der B. sind Antike, Spätromanik, Gotik und Barock. Seit dem Klassizismus wird sie von der Einzelplastik (= Freiplastik) verdrängt, die ihre Beziehung zur Architektur mehr oder weniger aufgegeben hat.

Herme. Li: freistehend. Herrenhausen, Schloßpark, um 1700. Barock
Re: Herme als Atlant an einem Pilaster. Dresden, Zwinger, 1709, B. Permoser. Barock

Häufig vorkommende Formen der figürlichen B. sind: *Akroterion* (griech. höchster Teil), Akanthusranke, Palmette (als solche zur Ornamentik gehörend!) oder plastische Figur (Löwe, Sphinx usw.) als Giebelverzierung von Tempeln und Grabmälern. Antike, Renaissance, Klassizismus. 10*

Amorette. Rokoko

Atlas*, Atlant, Mz. Atlanten, nach dem antiken Träger des Himmelsgewölbes genannte kraftvolle Männerfigur, die statt Pfeilern oder Säulen das Gebäude trägt.

Karyatide*, Kore (griech.), das langgewandete weibliche Gegenstück zum Atlas. Wegen der verräterischen Haltung des Dorfes Karyai im Perserkrieg wurden die Dorfmädchen in die Sklaverei geführt. Daher: Karyatide = Sklavin. Antike und seit Renaissance.

Herme*, obwohl eigentlich eine an-

Li: Erote, griechisch. – Re: Putto an der VI. Kreuzwegstation: Veronika reicht Jesus das Schweißtuch. Birnau, um 1750, Feichtmayr. Rokoko

Neidkopf, Abwehrfratze gegen das Böse, Marienmünster. Romanik.

Hüttenplastik. Verkündigungsgruppe: Erzengel Gabriel und Maria. Reims, Kathedrale, mittleres Westportal, 2. H. 13. Jh. Gotik.

Hüttenplastik, Pythagoras, Chartres, Kathedrale, Archivolte des Westportals, 1145-55. Frühgotik.

tike Freiplastik (Hermeskopf auf rechteckigem Schaft), nennt man seit der Renaissance auch eine atlasähnliche Halbfigur auf Pfeilern oder Pilastern Herme.

Amorette*, meist geflügelter kleiner Knabe als Liebesgott in weltlichen Szenen bes. des Rokoko nach dem Vorbild der antiken Eroten.

Eroten*, Kinder mit Flügeln als kleine Erosgestalten. Im Hellenismus als Zugabe zu Plastiken beliebt; auch in Wandmalereien (Pompeji). Nach ihrem Vorbild entstanden die got. Kinderengel und die Putten in Renaissance und Barock.

Putten* (it. putto = kleines Kind, Mz. putti), nackte kleine Knaben mit oder ohne Flügel, sind eine Umformung der got. Kinderengel und bevölkern seit der Frührenaissance, bes. aber im Barock Altäre, Bilder, Orgeln, Wände, Decken und Galerien der Kirchen. Ihre Tätigkeiten sind meist symbolische Wiederholungen des Hauptthemas, dem sie beigesellt sind.

Neidkopf* (von althochdeutsch nid = Haß), Menschen- oder Tierkopf-Relief zur Abwehr böser Geister an Häusern, in roman. Kirchen, an →Taufsteinen* (»apotropäische Plastik«).

Konsolenplastik zeigt Motive → apotropäischen, porträthaften, religiösen und humanistischen Inhalts. → Konsole*; → Meisterzeichen*.

Hüttenplastik*, alles, was in den Bauhütten des Mittelalters für den Kathedralbau im Sinne der B. geschaffen wurde. Dazu muß man auch die B. seit der frühen Romanik zählen, die noch meist von Mönchen stammt. In Frankreich

mehr auf Portal und Fassade, in Deutschland stärker in die Kirche hinein verlagert.
Relief (frz. erhabene Arbeit), Plastik, die aus einer Fläche heraus entwickelt wurde und noch spürbare Beziehung zu ihr hat. Hauptformen nach dem Grad des Hervortretens der Figuren: 1. *versenktes Relief*, die Figuren werden in die Fläche hinein vertieft und treten nirgends aus ihr hervor; – 2. *Flachrelief* (frz. basrelief); – 3. *Halbrelief*; – 4. *Hochrelief*. Beim strengen Relief stehen die Figuren klar isoliert vor dem Grund, im *malerischen* Relief verschmelzen sie mit dem Grund, der oft wiederum architektonischen oder landschaftlichen Hintergrund zeigt. Unter den antiken Reliefs sind bes. berühmt die *Metopen-Reliefs* (viereckige Reliefplatten unter der Traufrinne dorischer Tempel, die im Wechsel mit Triglyphen Metopen-Friese ergeben, 10*) und die *Giebel-Reliefs* in den dreieckigen Giebelfeldern antiker Tempel.

Baustein
1. *Bruchstein* = natürlicher oder gewachsener B., unbehauen, von unregelmäßiger Gestalt
2. *Feldstein*, Fundstein, Findling
3. *Haustein*, Werkstein = zu regelmäßiger Form zugehauen, z. B. als *Quader* = rechteckiger Block
4. *Backstein*, Ziegelstein, Ziegel, aus Ton oder Lehm wetterfest gehärtet (gebrannt);
   Formstein = Backstein, aus dem die unregelmäßigen Bauglieder (Bogenlaibungen, Maßwerk der Backsteingotik usw.) gebaut werden und der deshalb in bes. Formen gebacken werden muß.
   → Backsteinbau*

Versenktes Relief, assyrisch

Bronzerelief. Untere Hälfte: Flach- und Halbrelief; Oberkörper: Hochrelief; Hintergrund: malerisches Relief. Hildesheim, Dom, Bernwardstür, 1015. Ottonik

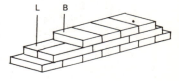

Baustein. B Binder; L Läufer

Beichtstuhl. Marienmünster, Abteikirche, 1720. Barock

Beischlag. Danzig, Stephanshaus, E. 16. Jh.

Bema. Griechenland, 10. Jh., Rekonstruktion

Lohstein = durch Beimengung von Gerberlohe, die beim Brennen Hohlräume hinterläßt, bes. leichter Backstein, in der Gotik für Gewölbe verwendet.

In der Mauer kehrt der *Binder** seine Schmalseite nach außen, der *Läufer** zeigt seine Langseite.

Weitere Verwendungen der B.e → Mauerwerk*

Beichtstuhl*, Sitz zum Beichthören, seit etwa 1600 in der heutigen Form: dreiteiliges Holzgehäuse, im Mittelteil sitzt der Geistliche, durch Gitter von den Beichtenden getrennt, die abwechselnd in den Seitenteilen knien.

Beischlag*, Terrasse mit Brüstung und Freitreppe in der ganzen Frontbreite des Hauses an der Straßenseite. Ersetzt im Ostseeraum, bes. Danzig, den Garten des Stadthauses und schützt Erdgeschoß und Hauseingang mit Diele vor Überschwemmungen.

Belfried → Bergfried

Bema* (griech. Stufe, Richterstuhl), 1. das erhöhte Presbyterium im Chorraum der frühchristlichen Basilika; – 2. → Ambo*; – 3. der von der → Ikonostase abgeschlossene Altarraum der Ostkirche; – 4. Lesekanzel der → Synagoge.

Benediktinerchor, Staffelchor mit Öffnungen zwischen Haupt- und Nebenchören. → Chor* (Chorformen).

Bergfried, Hauptturm einer Burg, 66 f.* (auch Belfried, in den Niederlanden und Belgien bes. für städtischen Repräsentationsturm; → Turm*).

Bering, Zingel, Ringmauer einer Burg. 67*

Beschlagwerk, auf C. Floris und die Musterbücher des V. de Vries zurückgehende reliefartige Flächenornamente, die durch imitierte Nagelköpfe angeheftet erscheinen; in Verbindung mit eingerollten Bändern = Rollwerk, 43*, mit Voluten = Schweifwerk*. Deutsche und niederländische Renaissance nach 1570. → Floris-Stil

Schweifwerk, 1609. Weserrenaissance

Bettelordenskirchen* (Predigerkirchen, Oratorien) nennt man die Kirchen der Franziskaner (Barfüßer, Minoriten) und Dominikaner im 13. und 14. Jh. Der besonderen seelsorgerischen Absicht und Konzentration auf die Predigt entspricht die Vereinfachung (Reduktion) der hochgot. Formen: Querhaus, → Triforium, Türme entfallen ganz, das → Strebewerk wird auf Strebepfeiler am Chor reduziert; kleine Fenster über ungegliederter Wandzone.

Biedermeierstil*, scherzhafte Verbindung von V. v. Scheffels »Biedermann« und »Bummelmaier«, zwei deutschen Philistertypen (1848 in den »Fliegenden Blättern«). Bez. für den Lebens- und Wohnstil im deutschen »Vormärz« (1815–48). Das Biedermeier entwickelt zwar keine eigene Architektur oder Großplastik, wohl aber eigene Möbelkunst und Malerei. Das klassiz. Empire-Möbel wird zweckmäßig vereinfacht, vorzügliche Verarbeitung gemaserter Hölzer (Kirsche, Mahagoni, hell getönt) und gestreifter oder geblümter Bezugsstoffe sowie ein weicher Schwung der Linien geben ihm das bis heute beliebte Gepräge. In der Malerei vertreten Spitzwegs gütiger Kleinstadt-Humor, Waldmüllers unpathetische Naturbilder und Oldachs Bildnisse gediegener Bürgertypen den B.

Bettelordenskirche. Königsfelden, Aargau/Schweiz, Clarissinnenkloster, beg. 1311. Basilika mit weitgespannten Arkaden, flachgedecktem Langhaus, Chor mit Rippengewölbe. Lettner zerstört.

Biedermeier. Sofa und Sekretär

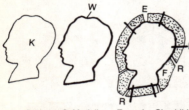

Bronzeguß. Modell aus Ton oder Gips bildet den K Kern; W Wachsschicht; F Formmantel; M Metallstäbchen verhindern Verschiebungen von Kern und Mantel; E Einflußröhre für flüssige Bronze; R Abflußröhrchen für das erhitzte Wachs.

Steinplastik, Skulptur. Die unvollendeten Teile stehen noch »in der Bosse«. Florenz, Galleria dell'Accademia, »Erwachender Sklave«, nach 1519, Michelangelo

Bildhauerkunst*, Bildnerei, seit den Anfängen der Geschichte vorhandene körperbildende Kunst. *Formen:* Vollplastik und Relief (→ Bauplastik). *Materialien:* Bronze, Stein, Holz, Ton, Elfenbein, Wachs, Edelmetalle, Kunststoffe u. a. Die wichtigsten *Techniken* sind:

I. *Bronzeguß* (von lat. aes brundisium, den Metallwerkstätten von Brindisi in Italien). Ein vorgearbeitetes Modell kann auf 2 Weisen gegossen werden: 1. *Guß mit verlorener Form**, erlaubt nur einmalige Verwendung des Ton- oder Gipsmodells; – 2. beim *Sandformverfahren* wird der Formmantel aus Gips nach dem Guß nicht zerschlagen, sondern in Teilstücken abgenommen, die als Negativform erhalten bleiben. Moderne Verfahren verwenden auch flexible Kunststoffmäntel, die sich auch aus Hinterschneidungen herauslösen lassen.

II. *Steinplastik.* Nach einer Tonskizze (it. bozzetto) wird meist ein Gipsmodell in natürlicher Größe geformt, nach diesem wird freihändig oder unter Kontrolle von Meßgeräten das Original aus dem Stein geschlagen. Die halbfertigen Teile der Steinplastik nennt man »in der Bosse«* stehend. Beim *Steinguß* wird ein Bildwerk aus pulverisiertem (meist Kalk-)Stein gegossen, so z. B. in der (süddeutschen) Spätgotik.

III. *Holzplastik.* Bis zur Renaissance werden Stein- und Holzplastiken immer bemalt (→ Faßmalerei).

IV. *Stuck,* Gemisch aus Gips, Kalk und Sand, gut formbar, aber schnell erhärtend, wird für Plastiken und plastische Wanddekoration verwendet. *Marmorstuck* wird mit Marmorstaub gefärbt und mit Marmoradern bemalt (Marmorimitation, bes. im Barock). Mit der heißen Maurerkelle geglättet, heißt er *stucco lustro*. 17. und 18. Jh.

Binder → Baustein*
Birnstab → Gewölbe, Abb. 3b
Bischofsstuhl → Kathedra*
Blaker → Leuchter 7*
Blatt → Maßwerk*
Blattfries → Ornament*
Blattmaske → Ornament*
Blattwelle, → Kymation, → Ornament*
Blendarkade → Arkade*
Blendbogen, ein der Mauer dekorativ oder gliedernd vorgebauter Bogen, der jedoch keine Maueröffnung umschließt. Oft zur Blend- → Arkade* gereiht.
Blendfassade, Fassade, die einem unbefriedigend proportionierten Bau dekorativ vorgeblendet ist. Sie überragt diesen oft seitlich oder in der Höhe (= vorgeschildet).
Blendgiebel, 1. als zierender und gliedernder Zwerchgiebel der Traufseite eines Daches vorgeblendet; – 2. Giebel der → Blendfassade. Münster, 81*
Blendmaßwerk → Maßwerk
Bogen*, gewölbte Konstruktion in einer Maueröffnung oder Halle, die die Last abfängt bzw. auf Stützen (Pfeiler, Säule) überleitet. Er wird aus keilförmigen (Abb. 1) oder rechteckigen Steinen mit keilförmigen Mörtelfugen (Abb. 2) gebaut. Auf den → *Widerlagern* (W) sitzen die → *Kämpfer* (K, oft mit einem → Kapitell verbunden), der erste Stein des B.s ist der *Anfänger* (A), der letzte (oben in der Mitte) der → *Schlußstein* (S.). *Spannweite*

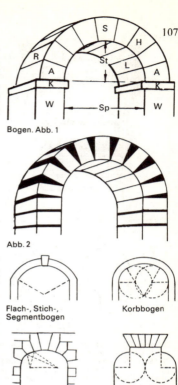

Bogen. Abb. 1

Abb. 2

Flach-, Stich-, Segmentbogen | Korbbogen

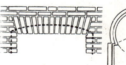

Elliptischer Bogen | Schulter-, Kragsturz-, Konsolbogen

Scheitrechter Sturz, auch: Sturzbogen. Stützlinie gestrichelt | Hufeisenbogen

Gestelzter Bogen | Einhüftiger Bogen

Kluge und Törichte Jungfrau. Freiburg, Münsterportal, 1280–90. Gotik

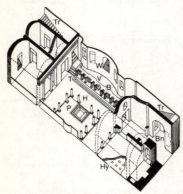

Nymphäum. Rom, Domus Transitoria des Nero, M. 1. Jh. n. Chr. W Wasserzulauf; V Verteilerbecken; B Brüstung mit 9 Überlauföffnungen; T Brunnentrog; H Hof; P Pavillon; Hy Hypokaustenheizung; Bn Bettnische; Tr Treppe

Schalenbrunnen. Bückeburg. Romanik

(Sp) heißt der Abstand der Widerlager, *Stich(Pfeil-)höhe* (St) der Abstand vom Scheitel zur Kämpferlinie. *Haupt* (H) oder *Stirn* heißen Vorder- und Rückfläche, *Laibung* (L) nennt man die Innenfläche, *Rücken* (R) die obere Außenfläche.
Bogenformen:
Rundbogen*
Flach-, Stich-, Segmentbogen*
Elliptischer Bogen*
Korbbogen*
Schulter-, Kragsturz-, Konsolbogen*, 33,11*
Spitzbogen, flach, gedrückt, 33,1*
Spitzbogen, normal, gleichseitig, 33,2*
Spitzbogen, überhöht, 33,3*
Lanzettbogen, 33,3*
Kleeblatt- oder Dreipaßbogen, rund, 33,4*
Kleeblatt- oder Dreipaßbogen, spitz, 33,5*
Kielbogen, 33,6*
Eselsrücken, 33,7*
Flammenbogen, 33,8*
Vorhangbogen, 33,9* und 10*
Tudorbogen, 33,12*
Hufeisenbogen*
Gestelzt* heißt ein B., wenn der Abstand zwischen Stütze und Kämpfer verlängert ist, um dem B. mehr Höhe zu geben. Beim *steigenden oder einhüftigen B.** liegen die Kämpfer verschieden hoch. – *Überfangbogen* → Fenster II, 2, Abb. 3.
Bogenfeld → Portal 2*
Bogenfries → Ornament*
Bogenlauf → Archivolte 2*
Boiserie (frz.), mit Flachreliefs und Leistenrahmungen geschmücktes → Täfelwerk, bes. des Régence und Rokoko.
Bosse, 1. → Mauerwerk IDd*; – 2. → Bildhauerkunst II*

Bossenwerk, 1. Bauwerkecken-Verstärkung aus Quadern; – 2. → Mauerwerk I Dd

Brauttür, Seitenportal an der Nordseite einiger got. Kirchen; vor ihr wurde die Trauung vollzogen. Die B. ist oft mit den biblischen Figuren der Klugen und Törichten Jungfrauen* geschmückt, die den Bräutigam erwarten (Matth. 25, 1–12).

Broderie, -parterre → Gartenkunst*

Bronzeguß → Bildhauerkunst 1*

Brunnen*, in seinen vielfältigen Schmuckformen ein seit der Antike beliebtes dekoratives Element der Baukunst. Wichtige Formen: Aus Quellen oder Verteilungsstellen des vom → Aquädukt kommenden Wassers bauen die Römer die oft gewaltigen Anlagen des *Nymphäums** (griech. nymphaion), das den Nymphen geweiht ist. Im Atrium der christlichen → Basilika und im Kreuzganghof des → Klosters steht oft der *Schalenbrunnen**. Das Wasser des got. *Stockbrunnens** fließt seitlich aus dem reichgeschmückten, oft mit Figuren und Gesprenge verzierten Brunnenstock in ein rundes oder eckiges Becken. Als »Schöner B.« steht er auf den Marktplätzen mittelalterlicher Städte. Die Renaissance bleibt in Deutschland beim Stockbrunnen – jetzt ohne Gesprenge –, zieht aber in den roman. Ländern den klassischen Schalenbrunnen vor. Für die B. des Barock bevorzugt man Gestalten der antiken Meeresmythologie: Poseidon, Tritonen, Najaden, Meerrosse; der Parkbrunnen wird zur *Wasserkunst* mit Kaskaden und Springbrunnen.

Bukranionfries → Ornament*

Burg → 64 ff.*

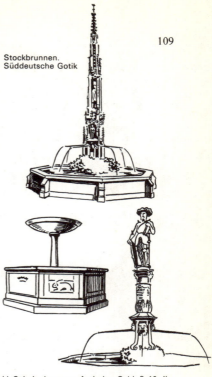

Stockbrunnen. Süddeutsche Gotik

Li: Schalenbrunnen. Amboise, Schloß, 16. Jh. Französische Renaissance
Re: Stockbrunnen. Deutsche Renaissance

Li: Barock-Brunnen. Nancy, 18. Jh.
Re: Klassizistischer Brunnen. Basel, 1784

Butzenscheiben

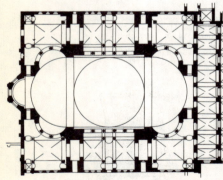

Konstantinopel, Hagia Sophia, 532-37, geweiht 562, Anthemios von Tralles und Isidoro von Milet. Basilika mit Zentralbaucharakter. Konchen (W-O) und Seitenschiffe (N-S) dienen der Kuppel als Widerlager. Kaisertribüne über dem Narthex; seitlich je eine Frauengalerie (Gynaikeion).

Butzenscheibe*, meist runde, grünliche Glasscheibe in Bleifassung und mit einer Verdickung (»Butzen«) in der Mitte. Im 15./16. Jh. als Fensterverglasung. Daher noch heute Fenster-»Scheibe« auch für rechteckige Gläser.

Byzantinische Kunst*, die christliche Kunst des oström. Reiches und seiner Einflußgebiete, 14 f.*. Mittelpunkt ist Byzanz (= Konstantinopel). Die B. K. verschmelzt altchristliche, kleinasiatische und alexandrinische Elemente ausschließlich zu religiösen Schöpfungen. Ihre Entwicklung wird gewöhnlich in 3 Hauptepochen unterteilt:

1. erster Höhepunkt unter Kaiser Justinian (526–65), Bau der Hagia Sophia* (Hauptkirche Ostroms in Konstantinopel). Ausstrahlung auch nach Ravenna, 15*. Der Bilderstreit (726–843) = Ikonoklasmus wird für die in Frage gestellte Verehrung christlicher Bilder entschieden. Ihm folgt

2. neue Blüte unter den mazedonischen Kaisern (mazedonische Renaiss., 9.–12. Jh.) und Ausstrahlung nach Venedig (Markusdom) und Rußland, das bis in die neueste Zeit hinein der B.n K. verpflichtet bleibt.

3. Letzter künstlerischer Aufschwung zur Paläologen-Zeit (1261–1453). 1453 erobern die Türken Konstantinopel, seitdem lebt die B. K. im griechisch-orthodoxen Christentum bis heute fort. In der deutschen und französischen Romanik und Gotik sowie in der »maniera greca« oder »bizantina« der italienischen Kunst des 13. Jahrhunderts sind ihre Einflüsse spürbar.

Bevorzugte Architekturformen sind der → Zentralbau* mit Kuppeln und die Kuppelbasilika (z. B. Hagia Sophia* und Markusdom, 28*). Die Vollplastik tritt zurück, statt dessen blüht bes. das Elfenbeinrelief. Die Malerei zeigt Meisterleistungen in Mosaik, Miniatur und → Ikone*. Die statuarische, weihevolle Strenge der Figuren, ganz in die Fläche eingebunden (meist ohne Landschaft), entspringt dem jahrhundertelangen Festhalten an einem starren Konstruktionskanon* (→ Proportionslehre), der zwar eine auffällige Entwicklung behindert, der B.n K. aber über anderthalb Jahrtausende ihr Bestehen sichert – eine in der Kunstgeschichte einmalige Erscheinung.

Caldarium → Thermen*
Calvaire → Kalvarienberg*
Campanile → Turm 1; 35*
Campo santo (it. heiliger Acker), Bezeichnung für Friedhof.
Cavea → Theater*
Cella (lat. Kammer; griech. naos), fensterloser Hauptraum antiker Tempel, in dem das Götterbild stand, 9*. Auch Bezeichnung für Mönchszelle.
Certosa → Kloster*
Chartreuse → Kloster*
Cherub → Engel 3*
Chippendale*, engl. nationaler Möbelstil um 1750, genannt nach dem Möbeltischler Thomas Chippendale (1709–79). Im Ch. verbinden sich Elemente und Zierformen des engl. Barock, frz. Rokoko, der Gotik und Chinas zu bequemer Zweckmäßigkeit. Mahagoni ist bevorzugter Werkstoff.

O: Ikone: Madonna »Eleusa« (griech. »Rührung«), 14. Jh., russisch.
U: Kanon (= Konstruktionskanon) des Kopfes, Maßeinheit ist die Nasenlänge

Chippendale-Stuhl

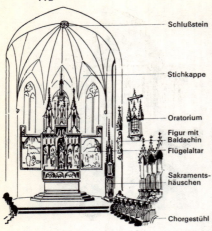

Blick in einen gotischen Chor. Blaubeuren, Klosterkirche, 15./16. Jh.

(Labels: Schlußstein, Stichkappe, Oratorium, Figur mit Baldachin, Flügelaltar, Sakramentshäuschen, Chorgestühl)

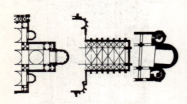

Li: Runder Chorschluß. – Mi: Gerader, flacher, platter Chorschluß. – Re: Eingezogener Chor

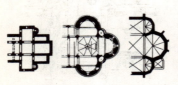

Li: Staffelchor. – Mi: Dreikonchenchor. – Re: Polygonaler Chorschluß. 7/10-Schluß im Hauptchor, 5/10-Schluß in den Nebenchören

Chor* (griech. choros), ursprünglich Platz für Tanz und Sänger im antiken Griechenland. In der christlichen Kirche der Ort für den Chor der Geistlichen. Seit der karolingischen Zeit Bez. für die Verlängerung des Mittelschiffs über die → Vierung hinaus *(Chorhaus)*, die häufig quadratischen Grundriß hat *(Chorquadrat)*. Schließt sich eine → Apsis als Chorschluß an, heißt der gesamte Komplex aus Chorhaus und Apsis Chor. In ihm befinden sich Hauptaltar (→ Altar), → Sakramentshaus*, → Piscina*, → Chorgestühl*, → Dreisitz*, evtl. Bischofsstuhl (→ Kathedra*). Der Chor ist meist um einige Stufen, bei darunterliegender → Krypta sogar erheblich über das Niveau der Kirche erhöht.

Seit der Romanik führt oft ein *Chorumgang** (Deambulatorium) um den Chor herum, mit dem dieser durch offene Bogenstellungen verbunden ist. Diesem Umgang sind oft als halbrunder *Kapellenkranz** angeordnete Chorkapellen angeschlossen, die sich gegen den Chorumgang als Altarräume öffnen und meist auch am Außenbau erkennbar sind. Schneiden sich ihre Achsen in einem Punkt, spricht man von *Radialkapellen*.

Gegen den Chorumgang oder Nebenchöre ist der Chor im Mittelalter häufig durch → *Chorschranken**, gegen das Mittelschiff durch einen → *Lettner** abgegrenzt, der im Barock durch ein kunstvoll geschmiedetes *Chorgitter* (Doxale) ersetzt wird.

Der Chorschluß (Chorabschluß) wird nach der geometrischen Figur des östlichen Abschlusses benannt: 1. *runder Chorschluß** (bes.

Romanik); – 2. *gerader (flacher, platter) Chorschluß** (Zisterzienserkirchen, engl. Gotik); – 3. *eckiger (polygonaler) Chorschluß**, je nach der Anzahl der Segmentteile im Grundriß z. B. 5/8-, 7/10-, 9/16-Schluß (Gotik).
Die Chorformen haben ihren Namen nach dem Verhältnis des Chorraums zu den ihn umgebenden Bauteilen: 1. *eingezogener Chor**, schmaler als das Mittelschiff; – 2. *Staffel-Chor** (→ Benediktinerchor), Hauptchor und stufenweise sich verkürzende Nebenchöre; – 3. *Chor mit Chorumgang und Kapellenkranz** (roman., got.); – 4. *Dreikonchenchor** (roman., bes. Rheinland, Köln, 26, 27*; auch got.: Marburg, 34*), die Querhausarme enden wie der Hauptchor in Apsiden. Auch Kleeblattanlage genannt. – 5. *doppelchörige Anlagen* (karolingisch und deutsche Romanik) haben auch im W einen Chor, daher keine W-Fassade (Hildesheim, 21*).

Chorgestühl*, an beiden Chorseitenwänden aufgestellt, meist in zwei ungleich hohen Reihen, zum Sitzen und Knien für die Geistlichen in Kloster-, Bischofs- und Stiftskirchen (seit 13. Jh.). Oft reich geschnitzt, in der Gotik auch mit Baldachin versehen. Der Einzelsitz ist die *Stalle*, vom Nebensitz durch das *Accoudoir* (Armlehne) getrennt. *Dorsale* (lat. dorsum = Rücken) heißt die Rückwand. Beim Stehen wird der Sitz hochgeklappt, dann dient die vorn unterm Sitz angebrachte *Miserikordie** (lat. misericordia = Barmherzigkeit) »aus Barmherzigkeit« als Gesäßstütze. Diese wie auch die *Wangen*, die als hohe Seitenwände die

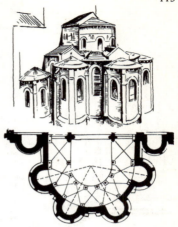

Chorumgang (Deambulatorium) mit Kapellenkranz (Radialkapellen). Clermont-Ferrand, Notre-Dame-du-Port

Zweireihiges Chorgestühl mit Dorsale, Accoudoir, Wangen, Docken, Baldachin. Miserikordien unter den hochgeklappten Sitzen. Ulm, Münster, 1440–74, J. Syrlin d. Ä.

Miserikordie mit Drôlerie

Chorschranken mit Ambonen. Rom, San Clemente, 11. Jh., Verwendung von Material und Anordnung des 6. Jhs.

Chorschranke, Hildesheim, St. Michael, A. 11. Jh., ottonisch. Dahinter die 3geschossige sog. Engelsempore an der Stirnwand des Querhauses. Vgl. 21*

Sitzreihen abschließen, sind oft mit derben weltlichen *Drôlerien** (frz. drôle = lustig) geschmückt.

Chorquadrat → Chor, → Querhaus Abb. 3

Chörlein → Erker*

Chorscheitelrotunde, runder oder polygonaler Zentralbau in der Achse des Chores.

Chorschranken*, in der frühchristlichen Basilika niedrige Steinbrüstungen oder Gitter, die den Raum für die Chorsänger gegen den Laienraum abgrenzen, gelegentlich mit Ambonen (→ Ambo*) versehen. Im Mittelalter mehrere Meter hoch, in Kirchen mit Chorumgang umziehen sie oft den ganzen Chor und tragen gegen den Umgang hin reiche Reliefbildnerei.

Chronogramm, Inschrift in lat. Sprache, bei der alle darin vorkommenden Buchstaben, die zugleich röm. Ziffern sind (I, V, X, L, C, D, M), zusammengezählt die Jahreszahl des Ereignisses ergeben, auf das sich die Inschrift bezieht.

ChrIstVs saLVator noster est, fVIt, erItqVe, fortIs, pIIs pIVs et Vere MIrabILIs In sIgnIs saCratI panIs. CIVLVVIIVIIIIVVMIILIIIICII = 1345 (Inschrifttafel im Beginenhof Amsterdam).

Churriguerismus*, von José Churriguera (1650–1723) geschaffener barocker Dekorationsstil in Spanien mit scheinbar regellos überladenen, alle Bauglieder überwuchernden Formen.

Ciborium* (lat. von griech. kibōrion = Gehäuse), 1. steinerner Altarüberbau auf Säulen (→ Altar*); – 2. Kelch (für die geweihten Hostien) mit Deckel, der in der Gotik gelegentlich die Form eines Turmhelmes hat; – 3. → Tabernakel 3.

Cinquecento, Kunst des 16. Jhs. in Italien.
Columbarium* (lat. columba = Taube), 1. Taubenschlag (Les Baux in der Provence); – 2. röm. und frühchristl. Begräbnisstätte, bes. in den Katakomben, in der Leichen, Knochenreste oder Aschenurnen aus Raummangel in zahlreichen kleinen Höhlungen aufbewahrt werden, die einem Taubenschlag ähnlich sehen.
Confessio → Krypta*
Corps de logis (frz.), Hauptbau mit der Herrschaftswohnung an der Stirnseite des Ehrenhofs eines Barockschlosses.
Cour d'honneur, von 3 Flügeln umschlossener Ehrenhof an der Stadtseite eines Barockschlosses. 76*
Curtain wall, Vorhangfassade, nichttragende Fassadenverkleidung, oft aus Metall oder Glas, die dem konstruktiven Skelettbau vorgehängt ist. 88*

Li: Churriguerismus, Pilasterdekoration
Re: Ciborium, um 1400, gotisch

Dachformen*. 1. Pultdach*, einseitig abgeschrägt; – 2. *Satteldach**, zweiseitig abgeschrägt; – 3. *Walmdach**, allseitig abgewalmt, jedoch mit Firstlinie (abwalmen = Herunterführen des Dachs über die Giebelseiten); – 4. *Krüppelwalmdach**, der Giebel wird nur im unteren oder oberen Teil durch Dachflächen ersetzt (z. B. Schwarzwaldhaus). *Fußwalm* heißt das Dach am unteren Giebelende; – 5. *Zeltdach**, Pyramidendach, die allseitigen Walmflächen treffen sich in einem Firstpunkt; quadratischer, rechteckiger, vieleckiger Grundriß. Bei großer Höhe im Verhältnis zur Traufenlänge heißt es Turmdach; – 6. *Mansardendach** (nach dem

Columbarium. Rom, Katakomben. Frühchristlich

1 Pultdach
2 Satteldach
3 Walmdach
4 Krüppelwalmdach mit F Fußwalm
5 Zeltdach
6 Mansardendach
7 Sägedach, Sheddach
8 Helmdächer
9 Zwiebeldach
10 Welsche Haube
11 Faltdach
12 Rautendach
13 Querdächer

Li: Schalendach. Die Last- und Zugkräfte werden auf die sphärische Fläche verteilt und fließen in die äußeren Auflager. – Re: Hängedach mit ausgesteiftem Ringbalken ermöglicht große Hallen ohne Innenstützen. Berlin, Kongreßhalle, 1956-57, H. A. Stubbins

frz. Architekten J. H. Mansart, 1648–1708), ermöglicht schräge Dachräume (= Mansarden); – 7. *Sägedach**, Sheddach (engl. shed = Schuppen), erlaubt lichtreiche Werkräume; – 8. *Helmdach**, steiles Turmdach, pyramiden- (a), kegelförmig (b), auch hauben- oder kuppelförmig; – 9. *Zwiebeldach**, bes. Süddeutschland, Österreich; – 10. *Welsche Haube**, Vorform des Zwiebeldachs, aber im Unterteil konkav; oft Unterbau für mehrfach geschweifte Aufbauten, die gelegentlich in einer Laterne enden (Barock); – 11. *Faltdach**, über vier- oder vieleckigem Grundriß in Falten gelegt; – 12. *Rautendach**, Rhombendach, aus rautenförmigen Dachseiten zusammengesetzt; – 13. *Querdächer**, Überdachung von Seitenschiffen durch mehrere parallele Satteldächer quer zur Längsachse der (z. B. westfäl. Hallen-) Kirche; → Zwerchhaus*; – 14. *Schalendach**; – 15. *Hängedach**.

Dachgaube*, -gaupe, kleiner Dachausbau mit Fenster hinter der Hausflucht.

Dachgaube. Li: Schleppgaube. – Mi: Walmgaube. – Re: Fledermausgaube

Dachreiter*, schlankes (meist Holz-)Türmchen auf dem Dachfirst. Von den Zisterziensern im 13. Jh. eingeführt, dann auf → Predigerkirchen, ersetzt bei den got. Kathedralen manchmal den Vierungsturm, weil der Turmbau auf die Westfassade konzentriert wird (Paris, 34*).

Damaszierung → Inkrustation
Deambulatorium, Chorumgang, → Chor*
Decorated style, zweite Phase der englischen Gotik. 37*
Degagiert nennt man freistehende oder nur von → Wirteln gehaltene Vorlagen einer Wand, Säule, eines Pilasters oder Pfeilers.
Dekoration (lat. decorare = schmücken), Gesamtheit aller zur Ausschmückung dienenden Gegenstände und Ornamente, auch die Gesamtheit der schmückenden Einzelmotive, die für einen Einzelgegenstand wie eine bestimmte Fassade, einen bestimmten Innenraum usw. angeordnet werden. Bei keramischen Erzeugnissen spricht man von *Dekor*.
Denkmal*, Monument, im engeren Sinne ein Werk der Baukunst oder Plastik zur Erinnerung an bestimmte Ereignisse oder an Personen. Sonderformen sind: → Grabmal, → Epitaph, Siegessäule, → Triumphbogen, figürliches D. als Statue oder Reiterstandbild.
Deutsches Band, Zahnschnitt, Zahnfries aus Backsteinen, deren Vorderkanten in der Bauflucht liegen. → Ornament*
Diakonikon → Pastophorien. 15*
Diamantfries → Ornament*
Dielenkopf → Mutulus. 10*
Dienst*, Viertel-, Halb- oder Dreiviertelsäule, die einem tragenden Element (Pfeiler, Mauer) vorgebaut ist und sich in die Rippen des → Gewölbes* hinein fortsetzt, dessen Last der D. eigentlich trägt. Mit größerem Durchmesser *(»alter« D.)* unter den Quergurten der Gewölbe; unter den Längsgurten und Diagonalrippen (Kreuzrippen) schwächer *(»junger« D.)*.

Dachreiter. Altenberg, Zisterzienserkirche, gotisch

Li: Athen, Lysikratesdenkmal, 4. Jh. v. Chr., für den Sieger des Dionysos-Festspiels. -
Re: Nationaldenkmal. Hermannsdenkmal, Horn bei Detmold, 1838-75, E. v. Bandel

Dienst. a alter Dienst; j junge Dienste

Paris. Boudoir im Hôtel Gôuthière. F. J. Bélanger. Die zarte Flächigkeit der Innendekoration folgt pompejanischen Vorbildern. Directoire

Docke an einer Chorgestühl-Wange. Ulm, Münster, J. Syrlin d. Ä.

Dipteros (griech. der Zweigeflügelte), antike Tempelform mit doppeltem Säulenring. 9*

Directoire*, nach dem Revolutions-Direktorium 1795–99 in Frankreich benannte Phase des Klassizismus. Die Innendekoration bevorzugt Anlehnung an pompejanische Wandmalereien.

Dirnitz, Dürnitz, 1. ein- oder zweischiffiger heizbarer Saal im → Palas einer Burg, 67*; – 2. Kemenate, 67*.

Docke*, Togge (= Puppe), 1. die einzelne Stütze einer Balustrade (→ Baluster*); – 2. der meist figürlich geschnitzte Aufsatz am Seitenabschluß (Wange) von Kirchen- oder →Chorgestühl*.

Dom (lat. domus Dei = Haus Gottes), Bischofskirche, in Deutschland auch Hauptkirche einer Stadt ohne Bischof. In Süddeutschland auch → Münster genannt. → Kathedrale.

Domikalgewölbe →Gewölbe 3

Doppelkapelle. Li: Obergeschoß mit Herrscher-Empore und quadratischer Öffnung zum Untergeschoß. – Re: Untergeschoß, Nürnberg, Burg, Ende 12. Jh.

Donator → Stifterbild
Donjon, Wohnturm einer Burg. 68*
Doppelantentempel → Antentempel
Doppelchörige Anlage → Chor 5
Doppelkapelle*, Doppelkirche, bis zum 12./13. Jh. vorkommende Verbindung zweier übereinander liegender Kapellen, bes. in Pfalzen und Burgen: die untere als Altarraum und fürs Gesinde, die obere mit Herrschersitz gegenüber der → Apsis*. Eine Öffnung im Fußboden erlaubt den Durchblick vom Herrensitz zum Altar.*
Dorische Ordnung, 10*
Dormitorium (lat.), Schlafsaal eines → Klosters.
Dorsale → Chorgestühl*
Doxale → Chor
Draperie*, 1. die wirkungsvolle Anordnung von Stoffen und Gewändern in Plastik und Malerei. Zur Vorbereitung dienen *Gewandstudien*; – 2. das Auskleiden von Räumen mit Stofftapeten.
Dreiblatt → Maßwerk*
Dreifaltigkeit*, Trinität. Gott Vater, Sohn (= Christus) und Hl. Geist (»in 3 Personen ein Einziger«) werden seit dem frühen Mittelalter verschieden dargestellt: als 3 nebeneinandersitzende Personen (seit 10. Jh.); als eine Gestalt mit 3 Köpfen oder 3 Gesichtern (seit 13. Jh.); später als 2 Personen mit Taube (= für den Hl. Geist) oder symbolisch als 3 Kreise, die sich schneiden, oder als gleichseitiges Dreieck mit dem Auge in der Mitte (nach 15. Jh.). → Symbol 5*. → Gnadenstuhl*
Dreikonchenanlage (griech. Trikonchos), Dreikonchenchor → Chor 4*
Dreipaß → Maßwerk*
Dreischenkel → Maßwerk*
Dreischneuß → Maßwerk*

Doppelkapelle. Eger, Pfalz, um 1200

Draperie. Versailles, Büste Ludwigs XIV., 1665, Bernini

Dreifaltigkeit. Ste-Trinité/Südfrankreich, Altarplastik. Barock

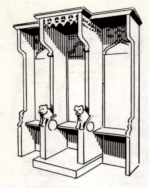

Dreisitz, Levitenstuhl

Ecclesia und Synagoge. Straßburg, Südportal des Münsters, um 1230. Gotik

Empire. Bronzeornament

Dreisitz*, Levitenstuhl, dreiteiliges Gestühl, meist an der südlichen Chorseitenwand, auf dem der Priester und seine 2 Diakone ausruhen, während der Chor das Gloria und Credo singt. Auch als Nische in der Wand oder aus Holz und in der Art des → Chorgestühls* geschnitzt.

Dreiviertelsäule, Säule (→ Dienst*), die nur zu Dreivierteln aus Pfeilerkern oder Wand hervortritt.

Dreiviertelstab → Rundstab*

Drôlerie → Chorgestühl*; → Ornament*

Early English, englische Frühgotik. 35*

Ecclesia und Synagoge* (lat. ecclesia = Kirche, griech. synagōgē = Versammlung), 1. Allegorien des Neuen (= christlichen) und Alten Testaments (des »verblendeten« Judentums). Als weibliches Figurenpaar dargestellt, entsprechend der Lehre, daß das AT die Vorbereitung und Prophezeiung, das NT deren Erfüllung bedeutet: S. mit Augenbinde und zerbrochener Lanze, die Gesetzestafeln entgleiten ihren Händen; E. als aufrechte Siegerin mit Krone, Kreuzfahne und Kelch; – 2. → Synagoge*

Echinus, Teil des dorischen Kapitells. 10*

Eckblatt → Säule*

Ehrenhof → Cour d'honneur. 76*

Eierstab, ionisches Kymation. → Ornament*

Einhorn → Symbole 6*

Eklektizismus, Historismus. 61*

Emanuel-Stil, Manuelischer Stil, Manuel-Stil, portugies.-spätgot. Stil zur Zeit von König Manuel I. d. Gr., 1495–1521, parallel zum spanischen → Isabell-Stil. Üppige

Wand-, Pfeiler-, Maßwerk- und Portaldekorationen, oft mit Elementen aus Seefahrt und Meeresfrüchten, gewundene Pfeiler, reiche Gewölbebildungen, Inkrustationen. Belém, 39*

Emblem (griech. eingesetztes Stück), in der Antike Metallverzierung symbolischer Art, später allgemein Bez. für Sinnbild, → Attribut*, → Symbol*, Abzeichen.

Empire* (lat. imperium = Kaiserreich [Napoleons I.]), Schlußphase des Klassizismus, verbreitet sich zwischen 1800 und 1830 von Paris aus über Europa. Charakteristisch sind die Wandeinteilung in streng begrenzte Felder, die flächenhafte Form der Möbel, gerade Tür- und Wandspiegelrahmen und die Dekoration nach röm.-ägypt.-pompejanischen Vorbildern (Sphinx, Lyra, Mäander, Fackel usw.). Bedeutende Bronzebeschläge. 77*; Paris, 86*.

Empire. Tischbein, Sessel, Bronzevase

Empore*, Tribüne oder → Galerie im Kirchenraum, die entweder die Bodenfläche vergrößert, bestimmte Gruppen der Gemeinde absondert – z. B. Frauen, höfische Gemeinde, Nonnen (*Nonnenchor = Prieche*, gewöhnlich im W), Kirchenchorsänger –, die Orgel aufnimmt (meist im W) oder vornehmlich die Wand gliedert. Bes. in der Romanik öffnen die E.n die Langhausmauern und treten als drittes rhythmisches Element zwischen die Arkadenstellungen des Erdgeschosses und die Fensterreihe des Obergadens. In den Emporenkirchen der Renaissance und des Barock reicht sie oft bis ins Gewölbe und gewinnt zugleich größere Raumbedeutung. Die E. ist jedoch kein unerläßlicher Bestandteil des

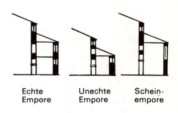

Echte Empore   Unechte Empore   Scheinempore

Empore. O Obergaden; E Empore; A Arkaden des Mittelschiffs. Gernrode, Nonnenstiftskirche, 961–83. Ottonik

Empore. Süddeutscher Barock

Erzengel Michael. Süddeutscher Barock

Erzengel Raphael mit Tobias. Spätgotische Malerei

Kirchenraumes. Sie befindet sich im Zentralbau über dem Umgang, in der Basilika über den Seitenschiffen, im Querschiff (Hildesheim, 21*) oder über dem W-Eingang, in Hallen- oder Saalkirchen steht sie auf einem eigenen Gerüst und wurde oft erst nachträglich eingebaut, vor allem in evangelisch gewordenen Kirchen. Man unterscheidet 1. die *echte Empore** = ausgebautes Obergeschoß; – 2. die *unechte Empore** = Öffnung, die nur in den Dachstuhl führt; – 3. die *Schein-Empore** = bloße Wandöffnung, die in keinen eigenen Emporenraum führt.

Emporenhalle → Kirchenbauformen*

Enfilade (frz. Einfädelung, Aufreihung), Zimmerflucht, deren Türen in einer Achse liegen. Barock.

Engel* (griech. ángelos = Bote), im biblischen Sinn geschlechtsloses reine Geister, Vermittler zwischen Gott und den Menschen, seit dem Frühchristentum meist als Jünglinge, geflügelt und mit → Heiligenschein dargestellt; in der ital. Renaiss. auch als Mädchenengel. Aufsteigende Rangfolge der 9 Engelchöre nach Dionysius Areopagita, 1. Jh., in der Fassung des 6. Jhs. (deutsch, griech., lat):
III. Hierarchie: 1. Engel, Angeloi, Angeli; – 2. Erzengel, Archangeloi, Archangeli; – 3. Fürstentümer oder Urbeginne, Archai, Principatus; –
II. Hierarchie: 4. Mächte, Exousiai, Virtutes; – 5. Kräfte, Dynameis, Potestates; – 6. Herrschaften, Kyriothetes, Dominationes; –
I. Hierarchie: 7. Throne, Thronoi, Throni; – 8. Cherubim (hebr., Einz. Cherub); – 9. Seraphim (hebr., Einz. Seraph).

Besondere Bedeutung und entsprechende Kennzeichen erhielten:
1. die 4 *Erzengel*: Gabriel (→ Bauplastik: »Verkündigung«* nach Lukas I,19 und 26-38); Michael* (Daniel 12,1); Raphael* (Tobias 5,18); Uriel oder Ariel (nach dem Midrasch); –
2. die *Schutzengel** (Matthäus 18,10); –
3. die *Cherubim** (Einz. Cherub), menschliche Grundgestalten mit 4 augenbesäten Flügeln (seit 8. Jh. 6 Flügel) und 4 Köpfen (griech. Tetramorph = viergestaltig, nach der Vision des Ezechiel I,5–14) der vollkommensten Geschöpfe: Adler, Löwe, Stier, Mensch. Seit 8. Jh. Vorbild der Symbole der → Evangelisten*. In der Kunst meist nur mit menschlichem Gesicht dargestellt; Symbolfarbe: rot; –
4. die *Seraphim** (Einz. Seraph, hebr. leuchtende Schlange), nach Jesaias 6,2 und 6,6 Engel am Throne Gottes, die Angesicht und Füße mit je 2 Flügeln bedecken und mit 2 weiteren Flügeln fliegen. Symbole der Schnelligkeit, mit der Gottes Wille vollzogen werden soll; Symbolfarbe: blau; –
5. *Putten* → Bauplastik*.

Englischer Garten → Gartenkunst*
Entasis (griech. Anspannung), mehr oder weniger sanfte Schwellung der → Säule* bis etwa zur Schaftmitte (Antike und davon abhängige Stile).
Entrelacs, Flechtband, → Ornament*
Epistelseite, die vom W-Eingang aus rechte (= südliche) Seite der Kirche und des Altars, weil auf dieser Seite die Epistel verlesen wird. Sie wird auch Männerseite genannt, weil seit dem Mittelalter

Schutzengel. Autun, Kathedrale, Tympanon des Portals, 12. Jh. Romanik

Cherub. Cefalù/Sizilien, Mosaik im Gewölbe der Dom-Apsis, um 1150

Seraph. Clermont-Ferrand, Notre-Dame-du-Port, beg. 1145, Südportal. Romanik

Renaissance-Epitaph; 16. Jh.

Erker. Li: Gotisches Chörlein. Prag, Karolinum, 2. H. 14. Jh.
Re: Renaissance-Erker. Nürnberg, Topler-Haus, 1605

dort gewöhnlich die Männer sitzen. Ggs.: → Evangelienseite.
Epistyl, Epistylion → Architrav*
Epitaph* (griech. Grabinschrift), seit dem 14. Jh. vorkommendes Gedächtnismal für einen Verstorbenen in Form einer Platte, die innen oder außen an der Kirchenwand, an einem Pfeiler oder im Kreuzgang senkrecht aufgestellt wird. Das E. ist aber kein → Grabmal, weil sich weder dahinter noch darunter ein Grab befindet. Man unterscheidet 2 Hauptformen: 1. die Platte trägt eine Inschrift oder die Gestalt des Verstorbenen wie ein aufrecht gestellter Grabstein; – 2. später wird eine Szene um das Stifterbild aufgebaut: Der Verstorbene kniet z. B. als Adorant (Anbetender), oft mit seiner Familie, bittend zu Füßen des Kreuzes Christi. In Renaissance und Barock wächst das E. oft zu mehrstöckigen, prunkvollen Aufbauten mit geistreichen symbolischen Bedeutungen an. Gelegentlich wird der Verstorbene als 33jähriger (»Jesusalter«) dargestellt.
Erbärmdebild, Christus als Schmerzensmann, mit Dornenkrone, Wundmalen, Lendenschurz, oft mit Mantel und Handfesseln. Seit 14. Jh. bes. in Deutschland. → Martersäule*
Erker*, ein geschlossener Ausbau an der Fassade oder Hausecke. Er ist meist ohne Verbindung mit dem Erdboden, kann aber über mehrere Stockwerke reichen. Eingeschossig ist das *Chörlein** an süddeutschen, bes. Nürnberger Wohnhäusern, das aus dem Altarraum der Burgkapelle entstanden ist (ein Kirchengebot verbietet Wohnräume über dem Altar). In Spätgotik, Re-

naissance und Neubarock (19. Jh.) ist der E. als Schmuckstück des Hauses bes. beliebt. → Auslucht*
Erote → Bauplastik*
Erzengel → Engel 1*
Eselsrücken, got. Bogen. 33*
Estrade (frz.), Erhöhung des Bodens um eine oder mehrere Stufen im Rauminnern, z. B. vor einem Thron (→ Kathedra*), Altar, Grabmal, im Erker usw.

Evangelistensymbole. In der Mitte Christus als Pantokrator in der Mandorla. Chartres, Kathedrale, Westportal (Königsportal), 1145–55

Evangelieneite, die vom W-Eingang aus linke (= nördliche, in frühchristlicher Zeit also den Heiden zugewandte) Seite der Kirche und des Altars, von der aus das Evangelium verlesen wird. Sie wird auch Frauenseite genannt. Ggs.: → Epistelseite.

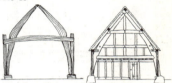

Fachwerk: Cruck-construction, primitives engl. F. aus längsgespaltenen Stämmen. Bis 13. Jh.

Evangelisten*, die Verfasser der 4 Evangelien des Neuen Testaments: Matthäus, Markus, Lukas, Johannes, von denen Matthäus und Johannes auch Apostel waren. Seit dem 4. Jh. werden sie durch ihre geflügelten Symbole: Mensch (= Matthäus), Löwe (= Markus), Stier (= Lukas), Adler (= Johannes) dargestellt, oder diese Kennzeichen werden den figürlichen Darstellungen der E. als Attribute beigegeben (nach Ezechiel I,5–14). Bis zum 13. Jh. auch in einer einzigen Gestalt, dem *Tetramorph* (griech. Viergestalt), zusammengefaßt.

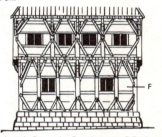

Fachwerk. Deutsche Renaissance. F Fach = Feld

Ewiges Licht → Leuchter 6
Exedra (griech. abgelegener Sitz), 1. → Apsis*; – 2. rückwärtiger Saal des antiken Wohnhauses.
Ex voto → Votivtafel*

Fächerrosette → Ornament*
Fachwerk*, Skelett-Bauweise, bei der die tragenden Rahmenwerk-

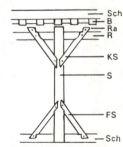

Alemannisches »Männle«. Sch Schwelle; B Balkenkopf; Ra Rahmen; R Riegel; KS Kopfstrebe; S Ständer; FS Fußstrebe

Li: Faltwerk an einem gotischen Kastenstuhl.
Re: Steinernes Faltwerk. Reims, Kathedrale, Sockel des mittleren Westportals, 13. Jh.
Gotik

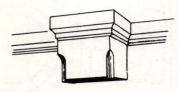

Fase. Abgefaster Pilaster

Fastentuch, Ausschnitt. Telgte/Westfalen, 1623

teile der Wände aus Holzbalken gebildet, die Fächer dazwischen mit Lehm oder Ziegelsteinen gefüllt werden. Bes. in Deutschland, Frankreich und England verbreitet, seit 1. H. 7. Jh. bezeugt, Blüte im 16. und einem Teil des 17. Jhs. Hauptteile:
Schwelle, unteres Querholz eines Stockwerks (Bundschwelle)
Ständer, Stiel, Säule, senkrechter Pfosten auf der Schwelle; Eckpfosten und Bundsäulen (vor Innenwänden) sind dicker als Tür-, Fenster- und Zwischenpfosten;
Rähm, Rahm(en)holz, Oberschwelle, Bundbalken ist ein Balken, der waagerecht auf den Ständern liegt;
Riegel, Zwischenriegel verbinden die Pfosten quer, Sturzriegel liegen über einer Fensteröffnung, Brustriegel liegen darunter;
Streben verspannen die Pfosten diagonal, Fuß- und Kopfstreben, -büge, -bänder verbinden die Ständer mit Schwelle und Rähm;
Fach, Gefach, Feld heißt jeder offene Zwischenraum des Skeletts. Er wird mit Lehm oder Backstein gefüllt;
Deckenbalken liegen quer auf dem Rähm und tragen die Bodenbretter;
ihre *Balkenköpfe* kragen oft vor;
Knaggen (→ *Konsole**) stützen die Balkenköpfe. → Auskragung*
Faltwerk*, 1. Flächenfüllung aus senkrechten, engliegenden Falten, in Holz geschnitzt (an got. Möbeln und Paneelen); – 2. Steindraperie als Sockel-Dekoration. Spätgotik und Renaissance.
Fase*, Schmiege, abgeschrägte Kante an Bauteilen, z. B. Pfeilern, Kämpfern.

Fassade (lat. facies = Gesicht), die Schauseite eines Bauwerks. Manche Gebäude haben 2 F.n (Barockschloß mit Stadtseiten- und Gartenseiten-Fassade; Querschiffsfassaden an got. Kathedralen, jedoch der W-Fassade untergeordnet; auch bei Wohnhäusern, die an 2 Straßen liegen). Meist spiegelt sie die innere Gliederung des Gebäudes wider: Sie zeigt die Stockwerke, Anzahl der Schiffe, wölbt sich im Barock mit der Ellipse des Innenraums nach außen.

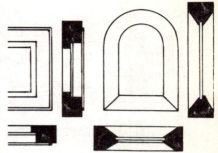

Fenster. Abb. 1, Laibung   Abb. 2, Gewände

Faßmalerei, das farbige »Fassen« = Bemalen bzw. Vergolden von Stein- und Holzplastiken, um sie zu schmücken und zu konservieren. Das Holz wird vor dem Fassen mit Gips- oder Kreidegrundierung oder mit Leinwand überzogen, gelegentlich auch direkt mit Ölfarbe bemalt. Die F. ist mit wenigen Ausnahmen (Riemenschneider!) bis zum Ende des Barocks allgemein üblich und der Beruf des Faßmalers entsprechend verbreitet.

Fastentuch*, Hungertuch, Palmtuch, Fastenvelum, in Niedersachsen und Rheinland »S(ch)machtlappen«, ein großes Leinentuch, das in quadratischen Feldern mit Passionsszenen oder Passionswerkzeugen bemalt, bedruckt oder gewirkt ist. Zur Fastenzeit wird es zwischen Chor und Schiff aufgehängt (14.–18. Jh., heute selten).

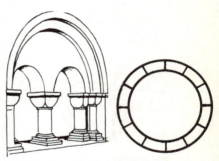

Abb. 3, gekuppeltes Fenster (Zwillingsfenster) mit Überfangbogen
Abb. 4, Rundfenster

Faszie, Fascia (Mz. Faszien, Fasciae), leicht vorspringendes waagerechtes, bandartiges Bauglied am ionischen Gebälk. 10*

Fenster* (lat. fenestra).
I. Hauptteile: 1. *Laibung* (Leibung), die Schnittfläche, die entsteht, wenn das F. senkrecht in die Mauer geschnitten wird (Abb. 1); –

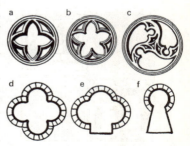

Abb. 5, Rundfenster mit Maßwerk: a Vierblatt, b Fünfblatt; Gotik. – c Dreischneuß; Spätgotik. – d Paß-, e Kleeblatt-, f Schlüssellochfenster; Spätromanik.

Abb. 6, Ochsenauge, »Œil de bœuf«. Versailles, Schloß, 1701. Barock

Abb. 7, Radfenster. Romanik

Abb. 8, Fensterrose, Rosenfenster. Paris, Notre-Dame, 1200–40. Hochgotik

2. *Gewände,* die Schnittfläche, die entsteht, wenn das F. schräg in die Mauer geschnitten wird (Abb. 2); – 3. *Sohlbank,* untere Fläche der Laibung oder des Gewändes (Abb. 1, 2); – 4. → *Sturz,* waagerechter oberer Abschlußbalken (Abb. 1); – 5. → *Profil*,* Rahmung durch Rundstäbe, Pilaster oder Säulen; – 6. *Stabwerk,* Aufgliederung des got. F.s durch schmale, senkrechte Steinstäbe; – 7. → *Maßwerk*;* – 8. *Verdachung* (→ Giebel*); – 9. die von Mittelpfosten (Setzholz) und waagerechter Sprosse (Querholz) bewirkte Teilung bildet das *Fensterkreuz.*

II. Formen: 1. *Rechteckfenster; Rundbogen-Fenster,* oben halbkreisförmig abgeschlossen (Abb. 1, 2); – 2. *Gekuppeltes Fenster* (= gekoppeltes F.), durch eine Mittelsäule in zwei Öffnungen *(Zwillingsfenster)* oder durch zwei Säulen in drei Öffnungen gegliedert *(Drillingsfenster).* Oft durch Blendbogen *(Überfangbogen)* zu Gruppen zusammengefaßt (Abb. 3); – 3. *Rundfenster* (Abb. 4), in der Gotik meist mit Maßwerk (Abb. 5, a–c); *Paß-, Kleeblatt-* und *Schlüssellochfenster,* spätromanisch (Abb. 5, e–f); *Ochsenauge* (œil de bœuf«), rund oder elliptisch, barock (Abb. 6); – 4. *Radfenster,* Rundfenster, das durch speichenartige Stäbe oder Säulen gegliedert ist (Abb. 7). Romanik. Vorläufer der Fensterrose; – 5. *Fensterrose,* Rosette, Rosenfenster, kreisrund, mit Maßwerk gefüllt, oft mit riesigem Durchmesser, häufig über Portalen und an Querschiffgiebeln der Gotik (Abb. 8), 34*, 36*; – 6. *Lanzettfenster,* meist zu Gruppen geordnete, lange, schmale F. bes. der engl. Frühgotik (Abb. 9); – 7. *Maßwerkfenster*, 33*; – 8. *Giebelfenster*, mit einem Giebel verdacht (Abb. 10a); – 9. *Segmentfenster*, mit Kreisabschnitt (= Segment) verdacht (Abb. 10b). Verdachungen können verkröpft oder gesprengt sein (Abb. 10 c–e); – 10. *Blendfenster*, Wandgliederung in Form eines F.s, das aber keine F.-Öffnung hat oder eine kleinere F.-Öffnung optisch ausweitet.

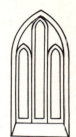

Abb. 9, Lanzettfenster. Frühgotik

Fensterkorb*, seit der Renaissance oft kunstvoll geschmiedetes, korbartiges Gitter vor Fenstern.

Feston, Girlande, Fruchtgehänge. → Ornament*

Fiale* (griech. phiale = Gefäß), schlankes, spitzes gotisches Ziertürmchen als Pfeileraufsatz, an Türmen und → Wimpergen. Sie besteht 1. aus dem vier- oder achteckigen *Leib* oder *Schaft*, der meist die Form eines → Tabernakels hat, mit → Maßwerk verziert und mit Satteldächlein über jeder Seite abgeschlossen ist; – 2. aus dem pyramidenförmigen *Helm* oder *Riesen* (mittelhochdeutsch rîsen = emporsteigen), meist mit Krabben besetzt und von einer Kreuzblume bekrönt.

Abb. 10, Giebel- und Segmentfenster: a mit Dreiecksgiebel, b mit Segmentgiebel, c verkröpfter, d gesprengter Dreiecksgiebel, e gesprengter Segmentgiebel

Fisch → Symbole 7*

Fischblase → Schneuß

Flambeau*, Fackel

Flamboyant, die flammenartig gelängten → Schneuß-Formen des → Maßwerks, 33*. »Style flamboyant« heißt die letzte Phase der frz. Gotik.

Flechtbandfries, Entrelacs → Ornament*

Fleur de lis → Ornament*

Floris-Stil, nach Cornelis Floris (eigentlich Cornelis de Vriendt), 1514/20–75, flämischer Dekora-

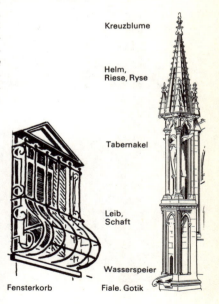

Fensterkorb   Fiale. Gotik

Flambeau, Fackel

Funeralwaffen. Hier: Totenschild, wurde bei der Bestattung dem Toten vorangetragen. Heiligenberg/Württemberg, Schloßkapelle, 16. Jh. Renaissance

Freitreppe. Stuttgart, Schloß Solitude, 1763–67. Spätbarock

Galerie im spätgotischen Hallenchor von St. Lorenz, Nürnberg, 1439–77

teur, Bildhauer und Architekt des Manierismus. Hauptwerk: Antwerpen, Rathaus, 1561–66. → Beschlagwerk. 43*

Flucht, 1. Fluchtlinie, im Bebauungsplan die Grenzlinie (Bauflucht), bis zu der an Straßen und Plätzen gebaut werden darf. Abfluchten heißt in gerade Linie bringen; – 2. Zimmerfolge an einer Achse (Zimmerflucht). → Enfilade.

Fluchtpunkt → Perspektive*

Formstein → Baustein; → Backsteinbau*

Frauenseite → Evangelienseite

Freitreppe*, der Hausfassade vorgelegte Treppe ohne Dach, in Renaissance und Barock bes. repräsentativ gestaltet. Betont oft die Symmetrie des Gebäudes.

Fries → Ornament*

Frontale, Altar-Vorsatztafel, → Antependium*

Frontispiz (frz.), Giebeldreieck über einem Mittelrisalit (→ Risalit*).

Funeralwaffen* (lat. funus = Leichenbegängnis), über einem Rittergrab angebrachte Waffen. Zu ihnen gehört der *Totenschild*, seit dem 13. Jh. bekannt.

Fünfblatt → Maßwerk*

Fünfpaß → Maßwerk*

Fünte → Taufstein*

Galerie* (frz.), 1. langgestreckter Repräsentationsraum im Barockschloß; – 2. wegen ihrer Helligkeit oft als Ausstellungsraum für Kunstwerke. Heute bedeutet G. = größerere Kunstsammlung (Kabinett = kleinere Sammlung); – 3. oberster Theaterrang; – 4. → Empore*; – 5. offener Laufgang an Kirchen (Zwerggalerie → Arkade*)

oder Wehrbauten (→ Wehrkirche*).
Galiläa → Narthex*
Ganerbenburg, von mehreren Familien in verschiedenen Häusern bewohnte Burg. Eltz, 70*
Gartenkunst*, zwei Hauptformen: 1. der *architektonisch-geometrisch gestaltete Garten.* Seit den terrassenförmigen »hängenden Gärten« Babylons bekannt; in der griech. und röm. Antike bereits mit Bildwerken ausgestattet. Vom bescheidenen mittelalterlichen Kloster-, Burg- und Wohnhausgarten um 1500 zu größeren *Renaissance-Anlagen** erweitert und mit Springbrunnen, Statuen, Gartenhäusern reich geschmückt (Italien, frz. Schloßgärten). Höchste Blüte im *Barock-Park** (seit Mitte 17. Jh.). Seine Hauptachse ist meist die verlängerte Mittelachse des Schlosses, den Gegenpol bildet oft ein weiteres Schlößchen bzw. ein Gartenpavillon *(»Gloriette«*)* oder ein Gewächshaus *(»Orangerie«).* Dazwischen begleiten Alleen, Wasserkünste, Kanäle und Wälle mit Treppen, Brunnen und Statuen meist symmetrisch den Hauptweg. Der unmittelbar am Schloß gelegene ebene Gartenteil *(Parterre*)* ist durch geschnittene Hecken *(Bosketts*,* auch für: Lustwäldchen), Blumen und Kies als stickereiähnlicher Teppich *(Broderie*)* gestaltet. Besondere Parkgebäude (Nymphenbad, Belvedere usw.) bilden abseits des Hauptweges eigene, selbständige architekton. Mittelpunkte von Parkteilen; 2. der *Englische* (Landschafts-) *Garten*,* so genannt, seit sich Anfang des 18. Jhs. von England aus der unregelmäßige, der freien Natur

Gartenkunst. Heckenschnitt (Boskets) im Renaissance-Garten von Schloß Villandry/ Frankreich, um 1540

Broderie-Parterre. Schloß Vaux-le-Vicomte/ Frankreich, vor 1660, Le Nôtre. Frühbarock

Gloriette in der Form eines Monopteros. Wörlitz, Schloß, 1769-73. Klassizismus

Englischer Garten. Versailles, künstlicher Dorfweiler (»Hameau«) im Park des Petit Trianon, 1783, R. Mique. Louis XVI-Stil

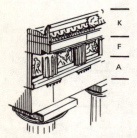

Gebälk an einem griechisch-dorischen Tempel. A Architrav; F Metopenfries mit Triglyphen; K Kranzgesims

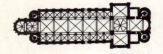

Gebundenes System. Worms, Dom, 12./13. Jh.

Gekuppelte Säulen

nachgebildete Gartentypus ausbreitete. Die scheinbare Zufälligkeit seiner Anlage wird von Bauten und Denkmälern belebt, die ganz bestimmte, oft sentimentale Gefühlswerte ausdrücken: künstliche Ruinen (Vergangenheit), neugot. Eremitagen (Einsamkeit), Bauerndorf* (Schlichtheit), chinesische Brücken und Tempel (Ferne) usw. Oft an bestehende Barockparks angegliedert.

Gaupe, Gaube → Dachgaube*

Gebälk*, 1. beim griech. Tempel die Gesamtheit von Architrav, Fries und Kranzgesims, 10*; – 2. bei frühchristlichen und frühroman. Kapitelltypen das Bauglied zwischen Kapitell und Kämpfer. → Kämpfer*

Gebundenes System*, quadratischer Schematismus, häufiges Grundrißschema der roman. Basilika, dessen Maßeinheit das Vierungsquadrat ist (→ Vierung). Dieses Quadrat kehrt – gelegentlich mit kleinen Abweichungen – als Chorquadrat im → Chor, in den → Jochen des Mittelschiffs und in den Querhausarmen wieder. Die quadratischen Seitenschiffsjoche haben die halbe Seitenlänge. *Hauptstützen* tragen die Ecken der Mittelschiffsquadrate, dazwischen stehen schwächere *Nebenstützen.*

Gebust → Gewölbe 3

Gedrehtes Tau, Taufries, → Ornament*

Geisipodes, Zahnschnitt, Balkenkopf am Gebälk des antiken Tempels. 10*

Geison, Kranzgesims des griech. Tempels. Der Schräggeison begleitet die Giebelschräge. 10*

Gekuppelt*, gekoppelt heißen gleichartige Bauteile, die durch ein

gemeinsames Glied verbunden sind, z. B. 2 Säulen mit gemeinsamer Basis oder Deckplatte, Rundbogenfenster mit gemeinsamer Mittelsäule (→ Fenster*).
Genius* (lat., Mz. Genien), persönlicher Schutzgeist eines Mannes oder eines Ortes (G. loci) im antiken Rom. Er ist eine → Allegorie der Zeugung und wird als Schlange, Jüngling oder nacktes geflügeltes Kind in der Art von Eroten (→ Bauplastik*) dargestellt. Schutzgöttin einer Frau: *Juno.*
Georgian style, die englische Baukunst zur Regierungszeit der Hannoveraner Könige: Georg I. 1714–27; Georg II., 1727–60; Georg III., 1760–1820.
Gesims*, Sims, aus der Mauer hervortretender waagerechter Streifen zur Betonung der waagerechten Bauabschnitte. *1. Sockel-Gesims*,* oberes Abschlußprofil am Sockel; – *2. Gurt-Gesims** zwischen den Geschossen; – *3. Kaff-, Kapp-Gesims** (Gotik), abgeschrägtes (gekapptes) G., läuft unter den Fenstern hin und wird um die Strebepfeiler (→ Strebewerk) herumgekröpft; – *4. Kranz-, Haupt-Gesims** (im griech. Tempelbau = *Geison*) zwischen Wand und Dach oder Attika. Oft durch Kragsteine (→ Konsolen) gestützte, weit ausladende Hängeplatte mit Wasserschräge darüber und Wassernase (Tropfleiste, die die Fassade vor Wasser schützt) darunter; – *5.* je nach Bauteil auch *Tür-, Fenster-Gesims.*
Verkröpft* (gekröpft) ist ein G., wenn es mit seinem ganzen Profil winklig um Mauervorsprünge herumgeführt ist. Die Verkröpfung aus der Waagerechten in die Senkrechte nennt man Aufkröpfung.

Genius mit Füllhorn hinter einem bewaffneten Prätorianer. Römisches Grabrelief

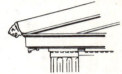
Gesims. Kranzgesims an einem dorischen Tempel

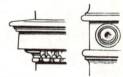
Antike Gurtgesimse

Gotisches Kranzgesims

Gotisches Kaffgesims

Gotisches Sockelgesims

Verkröpftes Gesims. Li: Palermo, Santa Anna. – Re: Steingaden, Wieskirche, Barock

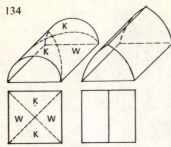

Gewölbe. Abb. 1a, Tonnengewölbe, rundbogig; – Abb. 1b, spitzbogig

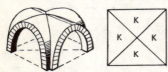

Abb. 2a. Kreuzgratgewölbe. K Kappe

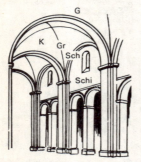

Abb. 2b. Jochbildung. G Quergurt; Sch Längsgurt über der Schildmauer; Gr Grat; Schi Schildmauer

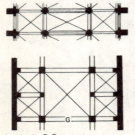

Abb. 2c. Joch. G Quergurt

Gesprenge → Altar b*
Gesprengt → Giebel*
Getäfel → Täfelwerk
Gewände, Schnittfläche, die entsteht, wenn ein Fenster oder Portal schräg in die Wand geschnitten wird. Durch senkrechten Einschnitt entsteht eine *Laibung* (Leibung). Das roman. und got. Gewändeportal ist oft reich verziert und mit Gewändefiguren ausgestattet. → Fenster I, 2*; → Portal*
Gewandstudie → Draperie*
Gewölbe*, gekrümmte, meist aus Steinen zusammengesetzte Decke, sie sich zwischen → Widerlagern verspannt. Diese Widerlager (Mauern, Pfeiler usw.) fangen Druck und Schub des G.s auf.
1. *Tonnengewölbe*. Sein Querschnitt ist ein Halbkreis (Abb. 1a) oder Kreissegment, er kann auch spitzbogig gebrochen sein (Abb. 1b). Stellt man sich über den Diagonalen des Grundrisses senkrechte Schnitte durch das Tonnengewölbe vor, so ergeben sich 4 Teile: *2 Kappen* (K) an den Stirnseiten, *2 Wangen* oder *Walme* (W) an den beiden Widerlagerseiten. Der Druck der Kappen liegt auf den Ecken, die Wangen belasten die gesamten Widerlagsmauern. Eine *steigende Tonne* hat einen steigenden Scheitel (bes. über Treppen). Ein G., das quer zur Achse eines Hauptgewölbes verläuft und sich mit diesem verschneidet, bildet eine → *Stichkappe** (bes. häufig über Fenstern, die in die Gewölbezone reichen. Bei gleicher Scheitelhöhe der beiden Gewölbe entsteht ein Kreuzgewölbe.
2. Das *Kreuzgratgewölbe* (Abb. 2a) entsteht, wenn 2 Tonnengewölbe

gleicher Höhe sich rechtwinklig schneiden, d. h. es setzt sich aus 4 Tonnenkappen zusammen. Die Schnittstellen heißen *Grate* (Abb. 2b, Gr). Den Druck fangen die Stützen auf, den Seitenschub die Widerlagsmauern bzw. die Strebepfeiler.

3. Beim *Kreuzrippengewölbe* (Abb. 3a) werden zunächst an der Stelle der Grate *Rippen* gespannt, die in den verschiedenen Stilepochen unterschiedliche Profile zeigen (Abb. 3b). Sie tragen die Last und führen sie in die Pfeiler ab. Die Kappen bestehen aus leichtem Mauerwerk (z. B. Lohstein → Baustein III, 3).
Jochbildung: Lange G. werden oft durch *Gurtbögen* (Abb. 2b, 2c, G), die quer zur Hauptachse des Raumes verlaufen (Quergurte), in einzelne → *Joche = Travéen* (Abb. 2c) zerlegt. Längsgurte verlaufen in Achsenrichtung und begrenzen das Joch seitlich (Abb. 2b, Sch).
Rhythmische Travée heißt ein z. B. durch Wechsel von Pfeiler und Säule (→ Stützenwechsel*) in sich rhythmisch gegliedertes Joch.
Gebust oder *busig* ist ein G., wenn seine Kappen leicht ansteigen (Abb. 3a), so daß der Scheitelpunkt des Kreuzgewölbes höher liegt als die Scheitel der Längs- und Quergurte. Ein kuppelartig gebustes 8teiliges Rippengewölbe (4 Kreuz-, 2 Querrippen zwischen Kämpfern und Schlußstein, 2 Scheitelrippenabschnitte) heißt *Domikalgewölbe*.

4. *Figurierte Gewölbe* heißen G., deren Rippen Figuren bilden (Stern- und Netzgewölbe der Spätgotik). Die Rippen des *Sterngewölbes* bilden sternförmige Figuren. Die Jocheinteilung bleibt gewahrt (Abb. 4a). Durch Aufgeben der

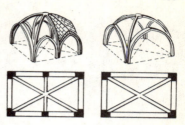

Abb. 3a. Kreuzrippengewölbe. Li: sechsteilig. – Re: vierteilig

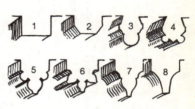

Abb. 3b. Rippenprofile. 1, 2 Band. Romanik, 11./12. Jh. – 3 Rundstab. – 4 Abwandlung aus 2 und 3. Frühgotik. – 5, 6, 7 Birnstab. Gotik. – 8 Kehlstab. Spätgotik

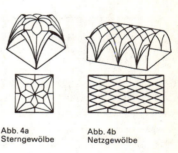

Abb. 4a Sterngewölbe

Abb. 4b Netzgewölbe

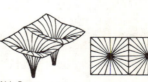

Abb. 5a Fächergewölbe

Abb. 5b. Fächergewölbe mit Abhängling

— Kreuzrippe (= Diagonalrippe), Gurt

▬▬▬ Scheitelrippe, Querrippe

〰〰〰 Tierceron (= Nebenrippe, Rippe 2. Grades), führt von der Jochecke zur Scheitelrippe oder zur Querrippe, aber nicht zum Hauptschlußstein

─── Lierne (= Rippe 3. Grades), berührt keine Jochecke

● ● Haupt- und Nebenschlußstein

Abb. 5c. Liernengewölbe

Einteilung in Einzeljoche entstehen die Reihungen des *Netzgewölbes* (Abb. 4b).

Das *Fächergewölbe*, Trichter-, Kelchgewölbe breitet seine Rippen von *einem* Punkt aus fächerförmig aus. Bes. in der engl. Spätgotik verbreitet (Abb. 5a, b), in der Form der Abb. 5a auch auf dem Kontinent (→ Remter* der Marienburg). Bei Stern-, Netz- und Fächergewölbe können freie Kombinationen aus mehreren Rippenarten auftreten (Liernengewölbe): a) Hauptrippen (Kreuz-, Quer- und Scheitelrippe); b) Tiercerone, Einz. Tierceron (Rippen 2. Grades, die von den Kämpfern der Jochecken zur Scheitelrippe aufsteigen, manchmal auch zur Querrippe führen, aber den Hauptschlußstein nicht berühren); c) Liernen (Rippen 3. Grades, die die Jochecken nicht berühren) (Abb. 5c).

Zellengewölbe sind eine Sonderform des Netzgewölbes in der norddeutschen Backsteingotik (→ Backsteinbau). Sie bilden kerbschnittförmige Räume zwischen den Rippen oder gratähnlichen Stegen (Abb. 6).

Abb. 6. Zellengewölbe

Von *gewundenen Reihungen* spricht man, wenn die Rippen eines (spätgot.) Stern- oder Netzgewölbes auch in ihrem Grundriß gekrümmt sind (Abb. 7).
→ Guarinesken*

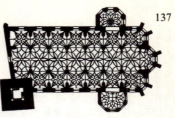

Abb. 7. Gewundene Reihungen

5. Das *Klostergewölbe* besteht aus 4 oder mehr Wangen einer Tonne. Es belastet die Mauern allseitig. Oft über polygonalem Grundriß (Abb. 8; Aachen, 18*).

6. *Muldengewölbe* (Abb. 9) sind als Tonnengewölbe mit gewölbten Enden oder als Klostergewölbe mit zwischengefügtem Tonnenstück erklärbar.

7. Ein *Spiegelgewölbe* (Abb. 10) entspricht einem Mulden- oder Kreuzgewölbe, dessen oberer Teil abgeschnitten ist. Die obere ebene, rechteckige oder elliptische (Barock!) Fläche heißt Spiegel.

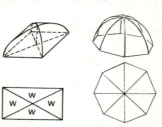

Abb 8. Klostergewölbe. Li: über rechteckigem Grundriß. – Re: achtseitig

Die → *Kuppel** ist eine Sonderform des G.s.
→ Unechtes Gewölbe*.

Gewundene Reihungen → Gewölbe 4, Abb. 7.

Giebel*, Abschlußwand an der Stirnseite eines Satteldachs. Er hat dreieckige Grundform. Die antiken flachen *Dreiecks-* und *Seg-*

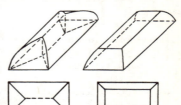

Abb. 9
Muldengewölbe

Abb. 10
Spiegelgewölbe

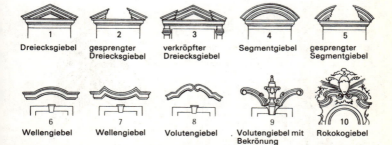

Giebel. Abb. 1. Entwicklung der Giebelverdachung 16.–18. Jh.: 1–4 Renaissance; 5–10 Spätrenaissance, Barock, Rokoko. (Nach H. Weigert)

Abb. 2. Gotische Staffelgiebel. Li: Lüneburg. Re: Münster, Rathaus, 14. Jh.

Abb. 3. Li: Renaissance-Giebel mit Schweifwerk. Braunschweig, Gewandhaus, 1591. – Re: Barock-Giebel. Meersburg

mentgiebel werden in Renaissance, Barock und Klassizismus nachgeahmt, sie werden – wie schon in der Antike – *gesprengt* oder *verkröpft* und bes. als Ziergiebel über Portal und Fenster (= Verdachung) vielfältig abgewandelt (Abb. 1). Der sog. »syrische Giebel« ist ein Dreiecksgiebel über einem 3teiligen Architrav, dessen Mittelteil zu einer Archivolte gebogen ist (→ Syrischer Architrav*, im → Palladio-Motiv* wiederkehrend). Das roman. Giebeldreieck ist nahezu rechtwinklig und schmuckarm. Got. Kirchen-G. sind steiler, oft mit Rosenfenster und Blendmaßwerk versehen, mit → Fialen und → Krabben besetzt und mit einer → Kreuzblume bekrönt. Aus der norddeutschen Backsteingotik stammt der *Treppen-* oder *Staffelgiebel* (Abb. 2), dessen Stufen in der deutschen Renaissance mit Pyramiden, → Obelisken* und → Voluten* verschleift werden (Abb. 3). In Renaissance und Barock kommen *Knickgiebel* und geschweifte Formen vor.
→ Frontispiz; → Zwerchgiebel
Girlande, Feston → Ornament*

Glasmalerei. Abb. 1, Abb. 2

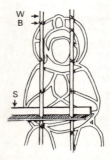

Abb. 3

Glasmalerei*. Der »Karton« (originalgroßer Künstlerentwurf) zeigt die hauptsächlichen Umrisse des Bildes an. Nach diesen Linien werden Glasstücke ausgeschnitten, die entweder in der Masse gefärbt *(musivische G.)* oder mit einem dünnen, gefärbten Glas überfangen sind *(Überfangglas)*. Heute werden Farbgläser fabrikmäßig hergestellt. Mit *Schwarzlot*, einer dunklen Deckfarbe aus Glaspulver und Metalloxiden, wird die Zeichnung aufgemalt und ins Glas eingeschmolzen. *Bleiruten*, die an den Berührungsstellen verlötet werden, verbinden die Glasstücke (Abb. 1,2). Den Winddruck halten waagerechte *Sturmstangen* (Quereisen, Windeisen; Abb. 3 S) ab. Sie sind über senkrecht laufende *Windruten* (W) und *Bleihaften* (B; Drähte, die auf das Bleinetz aufgelötet und um die Windruten herumgeschlungen werden) mit dem Fenster verbunden. *Betonglas* besteht aus dicken, durchgefärbten Glasstücken, die nicht mit Blei gefaßt, sondern deren Zwischenräume mit Beton oder Kunststoff ausgegossen werden (Abb. 4). 20. Jh.

Abb. 4. Betonglas-Fenster. 1960

Gnadenstuhl. Soest, Maria zur Wiese. Gotik.

Gloriette → Gartenkunst*
Gloriole → Heiligenschein*
Gnadenstuhl*, Darstellung der → Dreifaltigkeit* seit dem 12. Jh.: Gottvater auf dem Thron hält mit beiden Händen das Kreuz mit Christus (oder im Schoß Christi Leichnam), der Hl. Geist wird durch eine schwebende Taube dargestellt.
Goldener Schnitt → Proportionslehre*
Gotischer Schwung*. Im Unterschied zum → Kontrapost* sind seit dem 13. Jh. bei vielen got. Figu-

Gotischer Schwung. Köln, Dom, sogen. »Mailänder Madonna«, um 1320

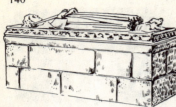
Tumba, 13. Jh. Gotik

Römischer Volutensarkophag, 3. Jh. v. Chr.

Altchristlicher Sarkophag mit Relief der Arche Noah; Deckplatte fehlt. 5. Jh. Trier

Li: Römischer Kenotaph. St-Remy/Südfrankreich, 1. Jh.
Re: Romanischer Sarkophag. Hildesheim, St. Michael, 1022

ren die waagerechten Achsen (Bekken, Schultern) gleichsinnig verschoben. Der Kopf ist der erhöhten Schulter zugeneigt. So ergibt sich eine S-Krümmung, die die steigende Körperbewegung (im Sinne des got. Bauwillens) betont.

Grabmal*, oft eigenes Gebäude (Grabtempel, -kapelle, Mausoleum, Pyramide, Turmgrab usw.); in größerer Zahl sind künstlerische Grabmäler in Kirchen, Kreuzgängen und auf Friedhöfen erhalten. Hauptformen: 1. in den Fußboden eingelassene *Grabplatte* aus Stein oder Bronze (frühes Mittelalter); – 2. *Tumba**, rechteckiger, verzierter Grabaufbau, der die Grabplatte, meist mit der Liegefigur des Toten, trägt. Sie hat manchmal baldachinartigen Überbau; Rittergräber oft mit →Funeralwaffen* (Mittelalter); – 3. *Sarkophag**, griech. »Fleischfresser«, nach einem Alaunschiefer von Troas, der die Verwesung beschleunigt (n. Plinius), meist verzierter Sarg aus Stein, Ton, Holz, Metall in Haus-, Wannen-, Kastenform, trägt manchmal die Liegeplastik des Toten; – 4. → *Epitaph**; – 5. *Kenotaph** (griech. Kenotaphion = leeres Grab), Grabmal für einen Verschollenen oder an anderer Stelle Bestatteten.

Grat → Gewölbe 2, Abb. 2b

Grisaille (frz. gris = grau), Malerei aus grauen Farbtönen, häufig zur raffiniert vorgetäuschten Darstellung von Plastiken und Stuck verwendet.

Groteske, →Ornament* mit zartem Rankenwerk und phantasievollen Menschen-, Tier-, Fabelwesen, römisch-antiken Ursprungs. Um 1500 in grottenartigen Ausgrabungen (Rom, Domus aurea des Nero) wiederentdeckt, seit Raffael bis zum 18. Jh. oft verwendet.

Gründerzeit, Folge der Aufhebung der Zünfte im 19. Jh. mit wachsendem Neureichtum in Industrie und Handel durch zahlreiche florierende Firmengründungen in Deutschland, bes. nach dem Sieg von 1871. Sie sucht ihren künstlerischen Ausdruck in der Ablehnung des Klassizismus und in massivpompösem, mißdeutendem *Neubarock* (Pariser Oper*, Bankgebäude usw.). Der *Gründerstil* gehört zum Historismus des 19. Jhs. 61*

Gründerstil. Paris, Opernhaus, 1861–74, Garnier.

Guarinesken*, Gurtbögen, die zugleich nach oben und seitlich in die Richtung der Raumachse geführt sind. So entstehen Raumkörper, die sich durchdringen und in den Gewölbeschalen verschneiden.

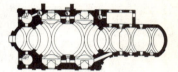

Guarinesken-Gewölbe

Gurtbogen → Gewölbe 3, Abb. 2b, 2c

Guttae (Einz.: Gutta), Tropfen (ursprünglich Nagelköpfe) an Regula und Mutulus. 10*

Halbsäule → 1. Dienst*; – 2. →Pfeiler*
Hallenkirche → Kirchenbauformen*
Halsring, trennt Säulenschaft vom Säulenhals. Römisch-toskanische Ordnung. 13*
Hausmarke*, auch Hauszeichen, Hofmarke, -zeichen, meist erstgeburtsrechtlich erbliches Eigentumszeichen an Haus oder Hof, oft rechtsverbindlich anstelle der Unterschrift. Die jüngeren Söhne fügen dem Stammzeichen je einen neuen Strich zu.
Haustein → Baustein 3; → Mauerwerk IC*

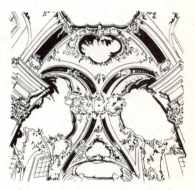

Guarinesken-Gewölbe zwischen Schiff (li), Chor (re) und Querräumen (o u. u). Vierzehnheiligen, Wallfahrtskirche, 1743–71, B. Neumann. Vgl. 56*

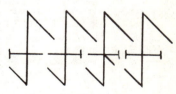

Hausmarke mit 3 Abänderungen

142

Heilige mit ihren → Attributen* (teilweise entnommen aus Joseph Braun, Tracht und Attribute der Heiligen in der deutschen Kunst; Stuttgart 1943):

Adler: Johannes Ev.
Amboß: Adrianus, Eligius
Ampel: Vitus
Anker: Klemens, Nikolaus
Antlitz Christi (Schweißtuch): Veronika
Äpfel, drei: Nikolaus
Arzneikästchen: Kosmas, Damian
Ast: Achatius
Bahre mit einem Toten: Noitburgis
Bär: Gallus, Kolumba, Thekla
Baumstamm: Afra, Christophorus, Sebastianus, Kastulus
Becken mit Wasser: Florian
Beil: Judas Thaddäus, Matthäus, Matthias, Simon, Trudpert
Bettler: Elisabeth von Thüringen, Martin, Johannes von Nepomuk
Bienenkorb: Ambrosius
Bohrer: Achatius, Apollonia
Bottich mit 3 Knaben: Nikolaus
Brot (Brote): Agatha, Elisabeth von Thüringen, Gallus, Laurentius, Meinrad, Nikolaus, Verena, Vitus, Maria von Ägypten
Brüste: Agatha
Buch, von Schwert durchbohrt: Bonifatius
Büchse: Afra, Kosmas und Damian
Büste: Erasmus
Christuskind: Christophorus, Antonius von Padua, Joseph
Dolch im Hals: Lucia
Dornenkrone: Achatius, Johannes von Gott, Joseph von Arimathäa, Katharina von Siena, Ludwig d. Hl.
Dornzweig: Achatius
Drache: Georg, Margareta, Martha
Edelstein: Thomas von Aquin
Engel: Matthäus Ev.
Fackel: Agatha, Antonius Erem., Barbara, Margareta, Vincentius
Fahne: Johannes von Capistrano; *mit Adler:* Wenzeslaus; *mit Kreuz:* Gereon, Mauritius, Quirin
Fäßchen: Otmar, Willibrord
Fisch: Antonius von Padua, Petrus, Tobias (AT), Ulrich, Verena
Flasche: Kosmas und Damian, Willibrord
Gans: Ludgerus, Martin, Eulalia
Geißel: Ambrosius, Firminus, Gervasius, Pantaleon, Prokopius
Geldstück (Almosen): Elisabeth, Martin, Sixtus II.
Geschwür: Rochus, Fiacrius
Giftbecher: Benedikt, Johannes Ev.
Goldkugeln (-äpfel), drei: Nikolaus
Hahn: Petrus, Vitus, Ottilia
Haus, brennend: Agatha, Florian
Hausvieh: Jodokus, Wendelin, Leonardus, Patricius
Haut, abgezogene: Bartholomäus
Hellebarde: Judas Thaddäus, Matthäus, Matthias
Herz, flammendes: Augustinus, Franz Xaver, Katharina von Siena; *mit Kreuz:* Birgitta von Schweden, Katharina von Siena; *mit Wunde:* Augustinus, Thomas Ap.
Hirschkuh: Ägidius
Hirsch mit Kruzifix im Geweih: Eustachius, Hubertus
Hirtenschippe: Joachim, Wendelin
Holzscheit, brennend: Afra
Horn: Hubertus, Kornelius
Hund: Bernhard von Clairvaux, Wendelinus; *mit Brot:* Rochus; *mit Fackel im Maul:* Dominikus
Jesuskind: Antonius von Padua, Christophorus, Dorothea, Franz von Assisi, Joseph
Johanneskind: Elisabeth, Mutter Johannes d. T.
Jungfrauen unter ihrem Mantel: Ursula

Kaiser unter den Füßen: Katharina
Kamm: Margareta, Verena
Kanne: Elisabeth von Thüringen
Kardinalshut: Bonaventura, Hieronymus
Kelch: Barbara, Eligius, Norbert, Ottilia; *mit Hostie:* Barbara, Thomas von Aquin; *mit Schlange (Drache):* Johannes Ev.; *mit Spinne:* Konrad
Kerze (Kerzen): Agatha, Blasius, Notburgis; *gekreuzt:* Blasius
Kessel: Erasmus, Krescentia, Vitus
Keule: Judas Thaddäus, Placidus
Kirchenmodell, individuell: am betr. Ort verehrter Kirchenerbauer
Klauhammer: Apollonia
Knabe, Wasser schöpfend: Augustinus; *drei K'n. im Bottich:* Nikolaus
Knüttel: Hippolytus, Jakobus d. Ä., Vitus, Simon, Placidus
Kopf, abgeschlagener, auf einer Schüssel: Johannes d. T., Paulus; *in der Hand:* Alban, Dionysius
Kreuz: Achatius, Helena, Maria von Ägypten, Matthias, Petrus, Philippus, Johannes von Nepomuk; *mit Blättern und Früchten:* Bonaventura; *schrägbalkiges:* Andreas
Kreuzstab: Johannes d. T., Petrus
Kronen, zwei oder drei: Elisabeth von Thüringen
Kübel mit Wasser: Florian
Lamm (Schaf): Agnes, Wendelin
Lamm Gottes: Johannes d. T.
Lanze: Thomas Ap., Simon, Lambertus
Leidenswerkzeuge: Bernhard von Clairvaux
Löwe: Hieronymus, Januarius, Markus Ev., Vitus, Agapitus
Marienkind und Jesuskind: Anna (»selbdritt«)
Maure, erschlagener: Jakobus d. Ä.
Mensch: Matthäus Ev.

Messer: Apollonia, Bartholomäus
Mühlstein: Florian, Krispinus und Krispinianus
Muschel: Jakobus d. Ä., Silvester
Nagel (Nägel): Erasmus, Pantaleon
Ofen: Eulalia, Vitus
Orgel: Cäcilia
Pfau: Liborius
Pfeil (Pfeile): Ägidius, Sebastian, Ursula
Pferd: Leonardus, Wendelin
Pilgerflasche, -stab, -tasche: Jakobus d. Ä.
Rabe: Meinrad, Oswald; *mit Brot:* Paulus Erem.
Rad: Bernhard von Clairvaux, Katharina
Rosen: Dorothea, Elisabeth von Thüringen
Rost: Christina, Laurentius, Vincentius
Säge: Fausta, Simon
Salbbüchse: Maria Magdalena, Maria Salome, Kosmas und Damian, Pantaleon, Remigius
Säule: Afra, Sebastianus
Schiff: Ursula, Nikolaus
Schlüssel: Petrus, Servatius
Schreibgerät (Feder, Tintenfaß): Albertus Magnus, Birgitta, → Evangelisten, Hildegard, Thomas von Aquin
Schüssel mit Augen: Lucia
Schüssel mit Brüsten: Agatha
Schweinchen: Wendelin
Schwert: Jakobus d. Ä., Katharina, Matthäus, Paulus; *im Hals:* Lucia; *im Kopf:* Petrus Martyr
Schwerter, sieben in der Brust: Maria
Stab, blühender: Joseph; *grünender:* Christophorus
Steine: Hieronymus, Judas Thaddäus, Kallistus, Matthias, Philippus, Stephanus, Thomas Ap.
Steinchen auf Buch: Liborius

Gloriole, Nimbus

Kreuznimbus

Aureolen

Quadratischer Nimbus

Heiliges Grab. Rodez/Frankreich, Kathedrale. Spätgotik

Hellenistische Kunst. Laokoon-Gruppe, um 50 v. Chr.

Stern auf der Stirn: Dominikus; *auf der Brust:* Thomas von Aquin
Sterne, fünf um das Haupt: Johannes von Nepomuk
Stier: Lukas Ev., Silvester
Strick: Afra, Karl Borromäus, Firminus, Koloman
Taube: Eulalia, Gregor d. Gr., Remigius, Scholastika, Severus von Ravenna, Thomas von Aquin
Tauben, zwei: Joachim, Joseph
Teufelsfigur: Adalbert, Albertus, Antonius Erem., Cyriacus, Juliana, Justina und Cyprian, Margareta, Maurus, Norbert, Prokopus, Genovefa, Gudula.
Totenkopf: Gregor d. Gr.
Toter: Fridolin, Notburgis
Türke unter den Füßen: Johannes von Capistrano
Turm: Barbara
Walkerstab: Jakobus d. J.
Wanderstab: Jakobus d. Ä.
Wasser: Christophorus
Wasserkübel: Florian
Weinrebe: Urban
Winde: Erasmus, Reparata
Winkelmaß: Thomas Ap.
Wunde: Rochus, Fiacrius
Wundmale: Franz von Assisi
Zahlbrett: Matthäus
Zange mit/ohne Brust: Agatha
Zange mit/ohne Zahn: Apollonia
Heiligenschein*, 1. *Gloriole** (auch Nimbus, Glorie), Lichtscheibe oder -kreis um oder über dem Haupt von Heiligen und Engeln; – 2. *Kreuznimbus**, Gloriole mit Kreuz um das Haupt Gottvaters, Christi oder der Taube des Hl. Geistes; – 3. *Aureole**, H., der die ganze Gestalt einer göttlichen Person (bes. des auferstandenen Christus) oder Marias kreisförmig umfließt; – 4. *Mandorla* = Aureole in Mandelform (→ Evangelisten*); –

5. *Quadratischer Nimbus** für noch lebende Personen mit bes. priesterlicher oder aristokratischer Würde (6. Jh. bis zur Gotik).

Heiliges Grab*, 1. meist als Rundbau angelegte Kapelle in Erinnerung an die Grabstätte Jesu in Jerusalem (4.–18. Jh., bes. zahlreich im Mittelalter); – 2. Plastikgruppe aus Stein oder Holz in Kirchen: Sarkophag mit Christi Leichnam, den Engeln, den 3 Marien und schlafenden Wächtern (seit 14. Jh.).

Hellenistische Kunst*, 12*

Heraldik → Wappen*

Herme → Bauplastik*

Hirsauer Reform*. Die clunyazensischen Reformideen werden seit 1079 von Hirsau aus auf etwa 200 Benediktiner-Klöster im deutschsprachigen Raum verbreitet. Viele zeigen mit Hirsau übereinstimmende, durch die reformierte Liturgie bedingte Bauformen. Jedoch überwiegen auch bei Neubauten häufig lokale Traditionen.

Säulenbasilika ist üblich mit folgenden Hauptmerkmalen: doppeltürmige Westfassade; Vorkirche im W; Flachdecke; Querhaus im O; rechteckiger (selten) oder apsidialer Chorschluß; fünfteiliger Staffelchor; »Benediktiner-Chor«, d.h. gegen Nebenchöre geöffnet; ausgeschiedene Vierung = chorus major für Sänger; östliches Langhausjoch mit Pfeilern und Chorschranken = chorus minor für Nichtsänger; die anschließenden westlichen Joche mit Säulen; wenige Schmuckformen: Würfelkapitell mit Scheibenauflagen, Ecksporen an der Säulenbasis, Arkaden- und Portalrahmung mit Schachbrettfries. Keine Krypta, keine Empore.

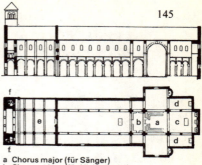

a Chorus major (für Sänger)
b Chorus minor (für Nichtsänger)
c Presbyterium
d kommunizierende Nebenchöre
e Vorhalle
f Westtürme

Hirsauer Reform. Hirsau/Schwarzwald, St. Peter und Paul, 1082–91. 3schiffige Säulenbasilika, Chorus minor (östliches Langhausjoch) mit Pfeilerpaaren. Staffelchor. Vorkirche im W.

Hirsauer Reform. Paulinzella/Thüringen, 1112–32. 3schiffige Säulenbasilika, flachgedeckt, westliche Vorkirche mit Emporen und Turmpaar. Staffelchor mit halbrunden Apsiden. Scheibenwürfelkapitell.

Schachbrettfries am Absenker über einem Pfeiler des Chorus minor.

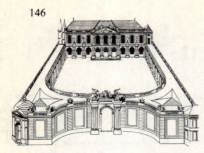

Hôtel de Soubise, Paris, nach 1726. Delamair.

Historismus, 61*
Hohlkehle, konkaves Gegenstück zu Stab oder Wulst an Rippe, → Gesims*, Decke, Säule (z. B. der Trochilus der → Attischen Basis*), auch an Möbeln.
Hôtel* (frz. von lat. hospes = Gast), Stadtpalais des französischen Adels. 65
Hundszahn → Ornament*
Hungertuch → Fastentuch*

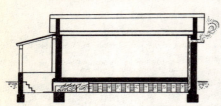

Hypokausten-Heizung, System. Römisch. Warmluft fließt zwischen Steinpfeilern, die den Fußboden tragen

Hypokausten. Schwarzwälder »Kunst«, mundartl. »Chunscht« oder »Chauscht« (von griech. kausis = Brand), vom Nebenraum her beheizter Kachelofen mit Sitzbank. 20. Jh.

Hüttenplastik → 1. Bauhütte; – 2. Bauplastik*
Hypokausten* (griech. Heizung von unten), Warmluftheizung unter dem Fußboden von Wohn- und Baderäumen in der Antike, in mittelalterlichen Burgen und Klöstern. Ähnliches System weist die sog. »Kunst«* im Schwarzwald und in der Schweiz auf.
Hypotrachelion, Säulenhals. 10*

Ikone, Johannes Ev., russisch

Ikone* (griech. Bild), in der griech.-orthodoxen Kirche das Tafelbild (im Unterschied zum Wandgemälde) mit Darstellungen heiliger Personen und Handlungen. Formen und Farben sind streng idealisiert, unnaturalistisch und seit Jahrhunderten kanonisch festgelegt. → Byzantinische Kunst*.

Ikonostase, Ikonostasis (griech. Standplatz des Bildes), in orthodoxen Kirchen die mit Ikonen geschmückte Schranke zwischen Chor und Gemeinderaum.

Inkrustation* (lat. crusta = Rinde), Einlegearbeit von farbigen Steinen in Stein, bei der z. B. heller und dunkler Marmor wechseln (bes. in Wänden und Fußböden). Blütezeit: Antike, Byzantinische Kunst, Italien vom Mittelalter bis Barock.

Inkrustation mit verschiedenfarbigem Marmor; ital. Romanik, 12. Jh. (sogen. »Proto-Renaissance«)

Intarsia sind Holzeinlagen in Holz. *Marketerie* ist die I. von Möbeln und Holzgegenständen mit Holz, Perlmutter, Elfenbein, Schildpatt, Metall (→ Louis-quatorze*). *Tauschierung* nennt man die I. von Metall in Metall. *Damaszierung* (von Damaskus, Hauptherstellungsort arabischer Waffen) bezeichnet das Tauschieren von Waffen. Das Muster heißt »Damast«. *Niello* heißt eine Metallgravur, die mit erhitztem Schwefelsilber, Kupfer oder Blei ausgefüllt wird.

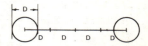

Interkolumnium von 4 Säulendurchmessern (D)

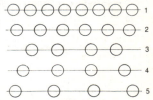

Interkolumnium nach Vitruv
1 pyknostylos = dichtsäulig = 1,5 D
2 systylos = gedehnt = 2 D
3 eustylos = schönsäulig = 2,25 D
Mitte = 3 D
4 diastylos = weitsäulig = 3 D
5 aräostylos = lichtsäulig = 3,5 D

Intarsia → Inkrustation

Interkolumnium* (lat.) Abstand zweier Säulen, von Achse zu Achse gemessen und durch den unteren Säulendurchmesser D = 2 Moduli (→ Model) geteilt. Dieser wird so zur Maßeinheit für das I. Das I. bestimmt wesentlich die Wirkung einer Säulenreihe.

Ionische Ordnung, 10*

Isabell-Stil, »estilo Isabel«, üppiger spätgotischer Ornamentstil Spaniens, dessen Formen von textilen Spitzen abgeleitet scheinen. 1480–1510.

Jerusalemsweg → Labyrinth*

Jesuitenstil*, 1. Stil der von Jesuiten in Lateinamerika gebauten Barockkirchen. Oft dekorativ überla-

Jesuitenkirche. Avignon/Südfrankreich, Lyzeumskirche, 17. Jh.

Brückenjoch

Jugendstil. Bauornament (oben); Stuhl, um 1900; Pflanzenkapitell, 1905 (unten)

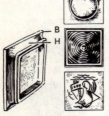

Teller-Kachel

Schüssel-Kachel

Bilder-Kachel

Kachel, Rückansicht;
B Blatt, H Hals

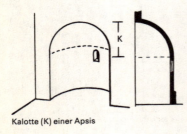

Kalotte (K) einer Apsis

den; – 2. an das Muster von Il Gesú in Rom, 45*, angelehnter Barockstil der Jesuitenkirchen bes. des 17. Jhs.

Joch, 1. Gewölbeabschnitt (bzw. der einem Gewölbeabschnitt zugehörige Raum, auch: dessen Grundfläche), der durch Gurte und Stützen von den benachbarten Gewölbeabschnitten bzw. Raumteilen abgegrenzt ist. → Gewölbe 3, Abb. 2c; – 2. Brückenabschnitt* von einem Pfeiler zum andern.

Johannes, 1. → Apostel*; – 2. → Evangelisten*; – 3. → Heilige

Jugendstil*, 62. In Deutschland so genannt nach der 1894 von Georg Hirth gegründeten Zeitschrift »Jugend«. – Österreich: »Sezessionsstil«. – Frankreich: »Art nouveau« nach dem Ladenschild der 1896 in Paris eröffneten Galerie Samuel Bing, auch »Modern Style«, »Style nouille«, »Style coup de fouet«, »Style Guimard«. – England: »Modern style«, »Liberty«. – Italien: »Stile Liberty«, »Stile Nuovo«. – Spanien: »Modernismo«, »Arte Joven«, »Estilo Gaudí«.

Jungfrauen, Kluge und Törichte → Brauttür*

Kachel*, gebrannte, meist glasierte Tonfliese als Wand-, Fußboden- oder Kachelofenbelag. Berühmt sind die kobaltblau bemalten Delfter K.n, die islamisch-spanischen Azulejos (span. azul = blau oder arab. al zulaich = kleiner Stein) und die K.n des engl. Mittelalters.

Kalotte*, Kugelkappe, z. B. der gewölbte Teil der → Apsis.

Kalvarienberg*, gemalte oder plastische Darstellung der Kreuzigung Christi mit vielen Figuren. Bes. bekannt sind die K.e (Calvaire) in der Bretagne (Plastikgruppen im Freien).

Kamin, offene Feuerstelle im Haus, architektonisch gerahmt, neuerdings auch auf Wohnhaus-Terrassen. Seit der Romanik künstlerisch gestaltet. Prächtig verzierte Marmor- und Sandstein-K.e in der Renaissance. Im Barock und Rokoko auch als Zierkamin mit Spiegel, 77*. Zubehör: Feuerhunde für die Holzscheite, Feuerzange, -haken, -schaufel. Leuchter, Kaminuhr, Vasen usw. auf dem Sims (→ Sturz).

Kalvarienberg. »Calvaire« in Trenoën/Bretagne, 17. Jh.

Kämpfer*, 1. Querstab aus Holz oder Stein, der Fenster (oder Tür) unterteilt, bildet mit dem senkrecht teilenden Setzholz das Fensterkreuz; – 2. Zone zwischen Stütze (Mauer, Pfeiler, Säule) und Bogen oder Gewölbe. Als vorspringende Tragplatte = Kämpfergesims; – 3. Aufsatz über frühchristlichen und ottonischen Kapitellen, meist in Form eines Pyramidenstumpfs. 15*

Kämpfer über einer Säule. Kä Kämpfer; G Gebälk; K Kapitell.
Hildesheim, St. Michael, A. 11. Jh. Ottonik

Kandelaber → Leuchter 1*

Kannelierung* (griech.-lat. canna = Rohr), Rillen = Kannelüren im antiken Säulen- oder Pfeilerschaft. Bei der dorischen Säule stoßen die Rillen in scharfen Graten aneinander, bei der ionischen und korinthischen sind sie durch Stege getrennt.

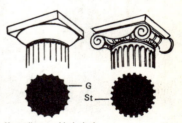

Kannelierung. Li: dorisch. – Re: ionisch. G Grat; St Steg

Kanon → Proportionslehre

Kantoniert* sind Pfeiler oder Mauern, deren abgefasten Kanten Halb- oder Dreiviertelsäulen vorgelegt sind.

Kanzel* (lat. cancellus = Schranke), aus dem frühchristlichen → Ambo weiterentwickelte Predigt- und Lesebühne. Seit dem

Kantonierter Pfeiler, Querschnitt

Kanzel. S Schalldeckel; B Brüstung; T Treppe; F Kanzelfuß.
Deutsche Renaissance

Kapelle. Montmajour/Südfrankreich, Kapelle Ste-Croix, E. 12. Jh. Tetrakonchos = Vierkonchenanlage

Karner. Tulln/Niederösterreich, E. 13. Jh. Rundkapelle mit Apsis im Obergeschoß, das eigentliche Beinhaus befindet sich im Untergeschoß.

13. Jh. sowohl auf dem → Lettner als auch freistehend an einem Pfeiler der → Vierung oder des Langhauses. In kleinen (meist evangelischen) Kirchen gelegentlich mit dem Altar zum *Kanzelaltar* vereinigt. Die streng gegliederte Ordnung der K. (*Fuß,* polygonale *Brüstung, Treppe, Schalldeckel*) wird oft reich verziert und im Barock figurativ aufgelöst. Sonderformen: *Schiffskanzel* (seit 1725, von Frankreich nach O bis Polen verbreitet) in Schiffsform (nach Luk. 5); *Außenkanzel,* bes. in Italien, auch an Wallfahrtskirchen.

Kapelle* (lat. capa = Mantel), nach dem Mantel des hl. Martin von Tours, dessen Aufbewahrungsort im Betraum der Königspfalz zu Paris (seit dem 7. Jh.) allein »Cappella« hieß. Später allg. Bez. für kleinere selbständige (Tauf-, Totenk., → Karner; Pfalzk.; Burgk.; Schloßk.), und nicht selbständige christliche Beträume (Chork. → Chor*; Scheitelk.; Seitenschiffsk. = Flankenk.; Einsatzk. zwischen den Strebepfeilern; Votivk.)

Kapellenkranz → Chor*
Kapitelhaus → Kloster
Kapitell* (lat. capitellum = Köpfchen), Kopf von → Säulen*, → Pfeilern*, → Pilastern* am Treffpunkt von Stütze und Last.
Griechische Antike 10*; – Römische Antike 13*; – Frühchristliche Kunst 15*; – Ottonik 20*; – *Romanik 24*; – Gotik 32*; – Renaissance 43*; – Barock 51*; – → Jugendstil*.
Kapitelsaal → Kloster*
Kappe → Gewölbe 1, Abb. 1a
Karner*,Kerner, Gerner (lat. carnarium = Beinhaus), meist zweige-

Griechische Antike

Dorisches K.;
seit 1100 v. Chr.;
A Abakus, E Echinus, K Kannelüren,
G Grat

Ionisches Voluten-K.;
seit 600 v. Chr.;
V Volute,
S Steg, P Polster,
E Eierstab

Korinthisches K.;
seit 5. Jh. v. Chr.;
Ak Akanthus,
K Kalathos

Römische Antike

Komposit-K. aus
ion. und korinth.
Elementen

Romanik

Pfeifen- oder Falten-K.; P Pfeifen,
H Halsring

Pilz-K.; 11. Jh.
K Kugelhaube,
Ke Kehle

Würfel-K.;
seit 10. Jh.
Ottonik

Würfel-K.,
ornamentiert;
Anfang 12. Jh.

Bilder-K.

Figuren-K.;
spätroman.

Bestien-K.; spätroman., 12. Jh.

Palmetten-K., aus
Würfel-K. entwickelt

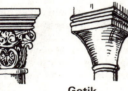

Kelchblock-K.;
Übergang Romanik-Gotik

Gotik

Kelch-K.; 13. Jh.;
oft an Wandvorlagen

Blatt-K., frühgot.
Form

Buckelblatt-K.,
spätgot. Form

Knospen- oder
Knollen-K.; seit
frz. Frühgotik

Teller-K.;
engl. Frühgotik

Renaissance
Voluten-Akanthus-
Kapitell

Barock
Rokoko-Kapitell
um 1730

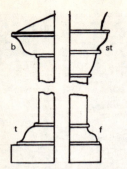

Karnies. t tragend; b bekrönend; f fallend; st steigend

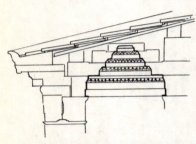

Kassette in der Decke eines ionischen Tempels. Schnitt

Kassettendecke und Wandvertäfelung, Straßburg, E. 16. Jh.

Kassettengewölbe. Schloß Chambord/Frankreich, 16. Jh., Manierismus

schossige Friedhofskapelle, deren Untergeschoß ausgegrabene Gebeine, deren Obergeschoß den Altarraum enthält. In der Romanik Zentralbau mit Ostapsis, in der Gotik auch als langgestreckte (Michaels-)Kapelle.

Karnies* (ital. cornice = Fries, Rahmen), »Glockenleiste«. S-förmiges, also konkav-konvex profiliertes Bauglied. Nach seiner Funktion am Baukörper *tragendes* [t] K. (als Zwischenglied) oder *bekrönendes* [b] K. (als oberer Abschluß, etwa bei Gesimsen). Nach der Anordnung des konvexen Profilteils *steigend* [st], wenn er oben (z. B. bei Säukenkapitellen), *fallend* [f], wenn er unten angebracht ist.

Kartause → *Kloster**

Kartusche, Zierrahmen oft um Wappen. Renaissance, Barock. → Ornament*

Karyatide → Bauplastik*

Kassette*, kastenförmig vertieftes Feld einer flachen oder gewölbten Decke (Kassettendecke*) oder einer Bogenlaibung, die »kassettiert«, d.h. in rechteckige, vieleckige oder gerundete Felder aufgeteilt ist. Die K. kann leer oder mit Ornamenten, Farben oder Gemälden ausgefüllt sein. Bes. in der Antike, der Renaissance und im Barock.

Kathedra* (griech. Sitz), Bischofsstuhl in der Kirche. In altchristlicher Zeit im Scheitel der Priesterbank in der → Apsis hinter dem Altar (15*), seit dem Mittelalter erhöht auf der → Evangelienseite im Chor, meist prächtig verziert und mit → Baldachin*. »Ex cathedra (Petri)« (lat. vom Stuhle Petri herab) werden die irreformablen und unfehlbaren päpstlichen Dogmen verkündet.

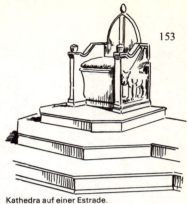
Kathedra auf einer Estrade.
Avignon/Südfrankreich,
Notre-Dame-des-Doms, E. 12. Jh.

Kathedrale, Bischofskirche einer Stadt, in Norddeutschland → Dom, in Süddeutschland → Münster genannt.

Kegelfries, normann.-engl. → Ornament*.

Kehle → Hohlkehle

Keil-, Kerbschnitt → Ornament*

Kemenate (lat. caminata), auch: Dirnitz, heizbarer Wohnraum, auch für Frauengemach einer Burg.

Kirche, Allegorie der → Ecclesia und Synagoge*

Kirchenbauformen*. Hauptformen:
I. *Zentralbau*,* um einen Mittelpunkt konstruiert. 18*.
II. *Langbau,* an einer Längsachse ausgerichtete Konstruktion. Nach Querschnitt und Belichtung unterscheidet man
1. → Basilika*
   Emporenbasilika*
   Staffelbasilika*
2. Hallenkirche*
   Staffelhalle*
   Pseudobasilika*
   Emporenhalle*
3. Saalkirche*
   Wandpfeilerkirche*

Kirchenburg → Wehrkirche*

Klausur → Kloster

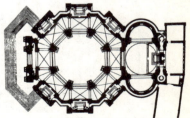
Zentralbau, achteckig, mit angefügtem Chor.
Venedig, Santa Maria della Salute. 1631–87,
Longhena

Basilika

1 Scheidarkade	4 Obergaden
2 Empore	5 Pultdach
3 Triforium	6 Walmdach

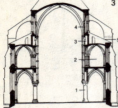 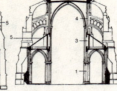 

3schiffige Emporenbasilika, 4zoniger Wandaufbau des Übergangsstils: noch mit Empore, aber auch schon mit Triforium.
Laon, Kathedrale, 2. H. 12. bis A. 13. Jh.

3schiffige Basilika, frühgotisch, durch Wegfall der Empore 3zoniger Aufbau. Doppelte Strebebögen, Pultdach über den Seitenschiffen. Chartres, Kathedrale, 2. H. 12. bis A. 13. Jh.

5schiffige Staffelbasilika. Die inneren und äußeren Seitenschiffe haben jeweils eigene Belichtung.
Mailand, Dom, 1387 beg.

Hallenkirche

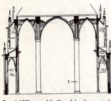 

3schiffige Hallenkirche mit Flankenkapellen. Alle Schiffe haben gleiche Höhe und gemeinsames Dach oder Querdächer über Seitenschiffen.
Schwäbisch-Gmünd, Heiligkreuzkirche. 2. Viertel 14. Jh. beg.

5schiffige Staffelhalle = Mittelschiff leicht überhöht. Alle Schiffe haben ein gemeinsames Dach oder Querdächer über den Seitenschiffen.
Erfurt, Severikirche, 1278–1360.

3schiffige Pseudobasilika = Staffelhalle mit ausgebildeten, aber unbelichteten Hochschiffwänden. Hohe Fenster über niedrigen Einsatzkapellen. Ingolstadt, Frauenkirche, beg. 1425.

Emporenhalle   Saalkirche

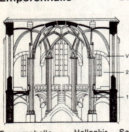  

Emporenhalle = Hallenkirche, über deren Seitenschiffen sich Emporen befinden. Hier: mit strebebogenähnlichen Verstärkungen (V).
Steinakirchen/Österr., Pfarrkirche, E. 15. Jh.

Saalkirche als Oberkirche einer Doppelkapelle. Die Unterkapelle ist eine Hallenkirche.
Paris, Ste-Chapelle, 1243–48

Wandpfeilerkirche = Saalkirche mit niedrigen Flankenkapellen zwischen den Strebepfeilern. Südfranzösisch-spanischer Typus.
Gerona, Kathedrale, beg. 1416.

Kloster* (lat. claustrum = das Verschlossene). Die K.-Anlage wird verständlich aus dem Bestreben Benedikts von Nursia (519 in Monte Cassino) und anderer Ordensgründer, die mönchische Einsiedelei durch die Gemeinschaft der Mönche unter einer strengen Regel zu ersetzen. Um einen viereckigen, offenen Hof, den *Kreuzgang** A (Anlehnung an das Peristyl des antiken Wohnhauses; der Name »Kreuzgang« von der um den Hof führenden Kreuzprozession), mit *Brunnenhaus* B (→ Tonsur) gruppieren sich die übrigen Räume: die *Kirche* C, der *Kapitelsaal* D (Versammlungsraum, oft neben der Kirche, in England auch als freistehendes Kapitelhaus, 35*, 37*), das *Refektorium* E (Speisesaal, bei den Deutschordensrittern Remter genannt), das *Parlatorium* F (Sprechzimmer) und im Obergeschoß das *Dormitorium* (Schlafsaal) oder die *Klausuren* (Mönchszellen).

Während die Benediktiner gern auf Bergen, die Zisterzienser (seit 1100) in Tallage bauen, siedeln sich die Bettelorden (seit 13. Jh.) gern in oder bei Städten an, weil sie ihre Aufgabe weniger in der Beschaulichkeit als in der Seelsorge sehen. Die Kartäuser (seit 12. Jh.) leben in Einzelhäuschen, die sich um einen großen Kreuzgang reihen. Ihre Klöster heißen Kartause*, it. Certosa, frz. Chartreuse. Die Ordensburgen der Deutschordensritter (seit 13. Jh.) waren zugleich deren Klöster (Marienburg; Rheden, 69*). Die Barockklöster nähern sich in der großzügigen Gesamtplanung dem Schloßbau (Weingarten*).

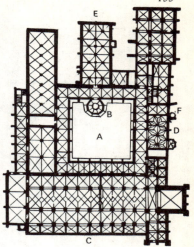

Zisterzienserkloster Maulbronn, 13. Jh.

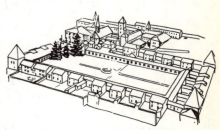

Kartäuserkloster Valbonne/Südfrankreich, beg. 1203. Im Hintergrund Kirche und Wirtschaftsgebäude, vorn die Einzelhäuschen mit ihren Gärten rings um den Kreuzgang. Gotik

Kreuzgang. Arles/Südfrankreich, St-Trophîme. Romanik und Gotik

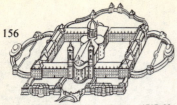

Weingarten, Benediktiner-Kloster, 1715–23. Idealplan einer symmetrischen Barock-Klosteranlage; unvollendet.

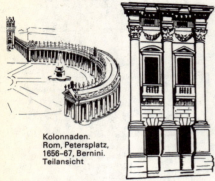

Kolonnaden. Rom, Petersplatz, 1656–67, Bernini. Teilansicht

Kolossalordnung. Vicenza, Palazzo Porto-Breganze, unvollendet, 1570–80, Palladio

Kommunizierende Nebenchöre.
H Hauptchor;
N Nebenchöre.
Waldsee, 1479 beg.

Geschnitzte Fachwerkkonsolen (Knaggen) mit Darstellungen der Verkündigung und Heimsuchung. Wiedenbrück, 1559. Renaissance

Knagge → Konsole*
Knorpelwerk, → Ornament* des niederländisch-deutschen Manierismus. 43*
Kolonnade* (frz. colonne = Säule), Säulengang mit waagerechtem Gebälk (Architrav) im Unterschied zur → Arkade.
Kolossalordnung* (griech. kolossos = Riesenbildsäule), Säulenordnung, die über mehrere, meist zwei Stockwerke greift. Von Michelangelo und Palladio entwickelt. → Palladianismus
Kolumbarium → Columbarium*
Kommunizierende Nebenchöre*, Nebenchöre, deren Trennungswand zum Hauptchor durchbrochen ist und die so mit diesem verbunden sind.
Konche, Koncha (griech. konche, lat. concha = Muschel), 1. im Grundriß halbrunde Nische, in der Regel mit → Kalotte*; – 2. halbrunde → Apsis*.
Königsgalerie, eine Reihe von (28) Königsfiguren, wahrscheinlich Vorfahren Christi, die quer über die Westfassade einiger französischer und englischer Kathedralen verläuft. 34*; 36*
Konsole*, aus der Mauer vorspringender Tragstein (Kragstein) für Balkone, Figuren, Balken, Dienste usw., beim Holzbau (→ Fachwerk) auch *Knagge** genannt. Oft ornamental oder mit – häufig grotesken – Figuren geschmückt.
Kontrapost* (ital. contrapposto = Gegensatz), Gestaltung des Gleichgewichts des stehenden menschlichen Körpers, der steigenden und sinkenden Kräfte. Stellung und Bewegung der Glieder werden durch die Stellung von *Stand-* und *Spielbein* bestimmt. Die waagerechten

Achsen sind gegensinnig verschoben (z. B. ist das Becken über dem Standbein erhöht, die Schulter darüber gesenkt) und heben die Körperbewegung zu spannungsvoller Ruhe auf. Der K. ist eine Sonderform der → Ponderation, der harmonischen Verteilung von Massen. Vgl. → Gotischer Schwung*.

Kore (griech. Jungfrau), Kanephore, Karyatide → Bauplastik*

Korinthische Ordnung, 10*

Krabbe, Kriechblume auf den Kanten von got. Turmhelmen, Fialen, Wimpergen. → Ornament*

Kragstein, Kraft-, Balken-, Ankerstein → Konsole*

Krepis, Krepidoma, der oberirdische Teil des → Stereobats* = meist 3stufiger Unterbau des griech. Tempels. 11*

Kreuz* (lat. crux), seit ältesten Zeiten in vielen Kulturen vorkommende Symbol- oder Zierform, im Christentum Sinnbild des Leidens bzw. der Person Christi. Bei der Darstellung seiner Kreuzigung (Kruzifix) wird der Kreuzstamm mit der Inschrifttafel (INRI = Iesus Nazarenus Rex Iudaeorum) und oft mit dem Suppedaneum (Fußstütze) versehen (Abb. 19). Hauptformen des christlichen Kreuzes sind: 1. *Griechisches K.*, bevorzugte Grundrißform des byzantin. Sakralbaus; – 2. *Lateinisches K.* (crux immissa), im abendländischen Sakralbau des Mittelalters vorherrschende Grundrißform; – 3. *Tau-, Antonius-K.* (crux commissa), oft für die Schächer; – 4. *Petrus-K.*, Petrus wurde kopfunter gekreuzigt; – 5. *Andreas-K.*, so wurde der Apostel Andreas gekreuzigt; – 6. *Gabel-, Schächer-, Deichsel-K.*; – 7. *Lothringisches K.*;

Konsole. Steinkonsole unter Gewölberippen. Arles/Südfrankreich, St-Trophîme, Kreuzgang. Gotik.

Kontrapost. Li: »Idolino«, um 420 v. Chr., griechisch, römische Kopie. – Re: »Immaculata«, um 1750, Feichtmayr. Rokoko. Die kontrapostischen Linien (gestrichelt) bezeichnen die Verschiebungen der ursprünglich waagerechten Achsen von Knien, Becken, Schultern, Augen. Die mittlere Linie ist nur durch die Draperie bestimmt. Sp Spielbein. Birnau, Wallfahrtskirche

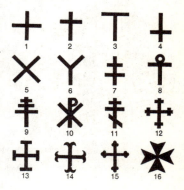

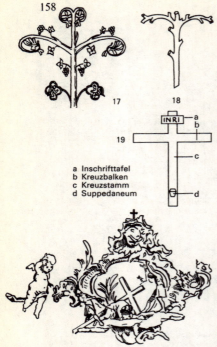

a Inschrifttafel
b Kreuzbalken
c Kreuzstamm
d Suppedaneum

– 8. *Henkel-K.* (crux ansata), ursprünglich ägyptisches Lebenssymbol; – 9. *Päpstliches K.*, die Balken entsprechen dem Priester-, Lehr- und Hirtenamt; – 10. *Konstantinisches K.*, Christusmonogramm aus den griech. Buchstaben X (= Chi) und P (= Rho), den Anfangsbuchstaben des Wortes CHRistus; – 11. *Russisches K.*, der Schrägbalken vermutlich für das Suppedaneum (= Fußstütze); – 12. – *Wieder-K.*, die Balkenenden ergeben »wieder« ein K.; – 13. *Krücken-K.* nach der Krückenform der 4 Balken; – 14. *Anker-K.*; – 15. *Kleeblatt-K.*; – 16. *Malteser- oder Johanniter-K.*; – 17. *Baum-K.:* Lebensbaum mit Blättern, Blüten oder Früchten; – 18. *Ast-K.* ohne Zweige.

Kreuzarme oder -flügel, die Arme des → Querhauses*.

Kreuzblume, ornamentale Bekrönung got. Fialen, Wimperge, Turmhelme. → Ornament*

Kreuzbogenfries, → Ornament* islamisch-normannischer Herkunft.

Kreuzfahne, Labarum, Siegeszeichen des auferstandenen Christus über den Tod: Wimpel an einem langschäftigen Kreuz. → Attribut*

Kreuzgang → Kloster*

Kreuznimbus → Heiligenschein*

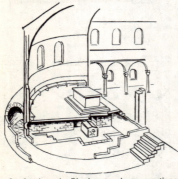

Kreuzweg. IX. Station: Jesus fällt zum 3. Male unter dem Kreuze. Birnau, Wallfahrtskirche, um 1750, Feichtmayr

Kreuzweg*, Darstellung des Leidensweges Christi von der Verurteilung durch Pilatus bis zur Grablegung in 14 Einzelbildern (Stationen). In kath. Kirchen an den Wänden umlaufend, auch im Freien in 14 einzelnen Häuschen.

Kriechblume → Krabbe; → Ornament*

Kruzifix (lat. crucifixus = der Gekreuzigte), gemalte oder plastische Darstellung Jesu am Kreuz. Crux = → Kreuz ohne den Leib Christi.

Confessio mit Ringkrypta: kammerartiges Heiligengrab unter dem Hauptaltar, das von einem Ringstollen her durch eine Öffnung zu besichtigen ist.

Krypta* (griech. bedeckter Gang). Aus der frühchristlichen *Confessio** (Heiligengrab-Raum unter dem Altarraum) entwickelter halbunterirdischer Raum unter dem Ostchor – auch Westchor – zahlreicher Kirchen zur Aufbewahrung von Reliquien oder als Grabstätte für Heilige und weltliche Würdenträger. Frühe Formen: *Ringkrypta** = halbkreisförmiger Gang, Grabkammer im Bogenscheitel, *Stollenkrypta* = ein oder mehrere, auch einander kreuzende Stollen (Steinbach, 18*). Von Italien kommt im 9. Jh. die *Hallenkrypta** (Hildesheim, 21*). Ihr meist 3schiffiges Gewölbe ruht auf Säulen und erstreckt sich zuweilen weiter als bis unter die → Vierung. Wegen ihrer Höhe muß der Chor höhergelegt werden.

Hallenkrypta, frühe Form mit 4 Säulen. Reichenau, St. Georg, 896–913, karolingisch.

Künste, die Sieben Freien* (lat. artes liberales), seit der karolingischen Zeit häufig dargestellte sieben weibliche Figuren mit → Attributen. Sie personifizieren 1. das Trivium (daher »trivial«): Grammatik, Dialektik, Rhetorik, 2. das Quadrivium: Geometrie, Arithmetik, Musik, Astronomie.

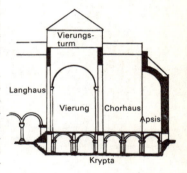

Hallenkrypta unter einer romanischen Kirche (Längsschnitt)

Kuppel*, Überwölbung runder, vier- oder vieleckiger Räume in regelmäßigen Krümmungen. Der Übergang von polygonalen Grundrissen zur Rundung des K.-Grundrisses wird durch *Hänge-(Eck-)zwickel* (Abb. 1, H) oder *Pendentifs* (Abb. 2, P) bewirkt. Beide sind sphärische Dreiecke und unterscheiden sich nur durch ihre Anwendung: 1. Wenn der Fußkreis der K. die Ecken des Grundrisses umschreibt, werden die Hängezwickel zu Teilen der K. Sie heißt dann *Hängekuppel* und bildet eine

Künste. Geometrie. Steinrelief am Ratserker in Lemgo, 1565–89. Renaissance

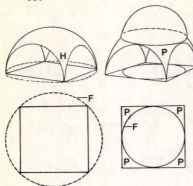

Kuppel. Li: Abb. 1. Hängekuppel. H Hängezwickel; F Fußkreis
Re: Abb. 2 Pendentifkuppel. P Pendentif; F Fußkreis

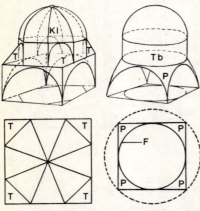

Li: Abb. 3. Trompenkuppel. T Trompe; Kl 8teiliges Klostergewölbe.
Re: Abb. 4. Rundkuppel mit Tb Tambour. P Pendentif; F Fußkreis

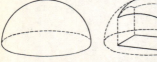

Abb. 5. Rundkuppel   Abb. 6. Stutzkuppel, Böhmische Kappe

seitlich senkrecht beschnittene Halbkugel (Abb. 1 und 6); – 2. Wenn der Fußkreis der K. dem des eckigen Unterbaus einbeschrieben ist, werden die Pendentifs zu selbständigen Konstruktionsteilen dieser *Pendentifkuppel* (Abb. 2). Bei der *Trompenkuppel* werden die oberen Ecken eines viereckigen Unterbaus durch → *Trompen* (Herkunft ungeklärt, viell. verwandt mit frz. tromper = täuschen) = halbe Hohlkegel überbrückt und in ein Oktogon übergeführt. Auf diesem stehen die Kappen des 8teiligen *Klostergewölbes* (Abb. 3) bzw. der Fußkreis der *Rundkuppel* (Abb. 5). Zwischen Pendentifs (bzw. Trompen) und K. befindet sich oft ein zylindrischer (bzw. achteckiger) *Tambour* (Trommel), der auch von Fenstern durchbrochen sein kann (Abb. 4 und 11). Gelegentlich endet die K. oben mit einer kreisrunden Lichtöffnung, dem *Auge* (Opaion, Opaeum), oder einem kleinen durchbrochenen Aufbau, der *Laterne*. Große K.n werden oft *zweischalig* gebaut, d. h. sie haben eine innere Raum- und eine äußere Schutz-K. (Abb. 11). Auch 3schalige K.n kommen vor (Abb. 12).
Weitere K.-Formen: Böhmische Kappe, Stutzkuppel (Abb. 6); Flachkuppel (Abb. 7); Halbkuppel → Kalotte*; Spitzkuppel (Abb. 8); Zwiebelkuppel (Abb. 9); Faltkuppel (Abb. 10); Rippenkuppel, aus tragenden Rippen und nichttragenden Füllflächen; Kassettenkuppel (Rom, Pantheon). Bei der Hohlkuppel, z. B. Amphorengewölbe-K., sind zur Entlastung vasenförmige Tonrohre spiralig in die Kuppelschale eingebettet (Ravenna, San Vitale, 15).

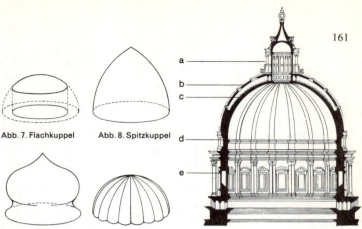

Abb. 7. Flachkuppel Abb. 8. Spitzkuppel

Abb. 9. Zwiebelkuppel Abb. 10. Faltkuppel

Abb. 11. Zweischalige Kuppel. a Laterne; b äußere Schale; c innere Schale mit Treppe; d Attika; e Tambour. Rom, St. Peter

Kymation, Kyma (griech. Welle), Blattwellen-Fries. 1. Dorisches K., meist nur gemalt auf unterschnittenem Stab; – 2. ionisches K. mit plastischen Ovalformen (Eierstab) und Pfeilspitzen, konvexer Stab; – 3. lesbisches K. mit plastischem Herzlaub und Spitzen, konvex-konkaves Profil. → Ornament*

Labyrinth* (griech. labyrinthos, von labrys = Doppelaxt, kretisch-minoisches Kultsymbol; der Palast von Knossos mit seinem unübersichtlichen Grundriß hieß »Haus der Doppelaxt« und gilt als ein Urbild aller L.e), Jerusalemsweg, in den Fußboden mancher got. Kathedralen eingelegte geometrische Figur aus hellen und dunklen Steinen. Diesen Weg durchrutschten die Gläubigen als Bußübung auf den Knien von der Peripherie bis zur Mitte. – L.e mit ausweglosen Weggabelungen gibt es erst seit dem Manierismus, z. B. bei labyrinthischen Gartenbosketts.

Abb. 12. London, St. Paul's, 1675–1710, Wren. Dreischalige Kuppel, die mittlere Schale konisch.

Labyrinth, Jerusalemsweg. Li: St-Omer/Nordfrankreich, St-Bertin, 13. Jh., zerstört. – Re: Chartres, Kathedrale, 13. Jh. Gotik

Lambrequin. Frankreich, um 1800. Klassizismus

Laube. Münster/Westfalen, Prinzipalmarkt. Wiederaufbau nach den Zerstörungen des 2. Weltkriegs

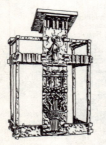

Lesepult. Meschede, St. Walburga, 1965

Lady Chapel (engl. Kapelle Unserer Lieben Frau), Marienkapelle in engl. Kathedralen, meist mit rechteckigem Grundriß und an den Scheitel des Ostchores angesetzt (Scheitelkapelle). Salisbury, 35*

Laibung, Leibung, 1. → Fenster*; 2. → Gewände

Lambrequin* (frz. Bogenbehang), oberer Abschluß eines Fensters, Betthimmels, einer Tür in Form eines Behangs mit Spitzen oder Quasten (Barock). Der L. wird auch oft aus Stuck oder Stein nachgebildet.

Lambris (frz.), Wandverkleidung meist aus Holz (z. B. Fußleiste), auch aus Marmor, Stuck.

Lamm Gottes, 1. → Symbole 1; – 2. → Attribut*

Langhaus, Der Teil der (Langbau-) Kirche zwischen Fassade und Chor bzw. Querhaus.

Laterne → Kuppel*

Laube*, offener, oft gewölbter Bogengang (→ Arkade) als Teil des Erdgeschosses bes. von Wohn- und Rathäusern, auch dem Erdgeschoß vorgelagert. Die *Pergola* (ital.) ist eine L. auf Pfeilern oder Säulen, die eine offene Holzdecke mit Rankengewächsen tragen.

Laubfries → Ornament*

Laufender Hund → Ornament*

Läufer → Baustein*

Lebensbaum → Kreuz 17*

Leibung, Laibung, 1. → Fenster*; 2. → Gewände

Leidenswerkzeuge → Passionswerkzeuge; → Martersäule*

Lesepult*, schräge Buchunterlage auf einem Ständer im → Chor, auf der Brüstung eines → Ambos* oder → Lettners* für die Verlesung des Evangeliums oder der Epistel oder als Notenpult (oft mehrseitig) für den Kirchenchor. → Adlerpult*

Lettner* (lat. lectionarium = Lesepult), Scheidewand zwischen dem Chor (für die Kleriker) und dem Mittelschiff (für die Laien). Seit dem 13. Jh. üblich. Der L. hat einen oder mehrere Durchgänge und eine über Treppen zugängliche Bühne (für die Sänger) mit einer Brüstung. Auf dieser steht das Lesepult, das der Anlage den Namen gab und von dem aus Epistel und Evangelium verlesen werden. Die meisten L. wurden nach dem Mittelalter zerstört, weil sie den Blick auf das Meßopfer verwehrten.

Leuchter*. 1. *Kandelaber** (lat. candelabrum), Kerzenständer. Seit der Antike in zahlreichen Formen: als siebenarmiger L. (hebr. Menora, jüdischer Kultleuchter, in der christlichen Kirche als Symbol der Erfüllung des Alten Testaments); als achtarmiger L. (hebr. Chanukka = Tempelweihe, Symbol des Judentums; ein 9. Licht = Schames dient als Anzünder); mit einer menschlichen Gestalt als Kerzenträger; als Osterleuchter usw.; – 2. *Kronleuchter**, von der Decke herabhängend mit mehreren Lichtern. In Form einer Krone oder eines Rades *(Radleuchter)* mit Türmen und Toren als Symbol des himmlischen Jerusalem (Romanik), auch mit Figuren; als Schaft oder Kugel mit strahlenförmigen Armen (Gotik), später aus Glas (Renaissance, bes. in Venedig); – 3. *Muttergottesleuchter*, Kronleuchter mit Marienstatue, ein Hirschgeweih bildet einen → Heiligenschein in Mandorla-Form; – 4. *Leuchterweibchen** sind die weltliche Spielart von 3, wobei eine weibliche Halbfigur, oft mit Fischschwanz, die Muttergottes ersetzt.

Lettner (L) vor dem Westchor des Naumburger Doms, um 1260

Leuchter. Li: Kandelaber. Spätrenaissance. Re: Siebenarmiger Leuchter, um 1300. Gotik

Leuchterweibchen mit Wappen, E. 16. Jh. Renaissance

Radleuchter, Detail, dahinter 2 Aufhängungsstangen. Hildesheim, Dom, um 1070

Teneberleuchter. Wiedenbrück, 11. Jh. Romanik

Blaker. Barock

Lisene (L) zwischen Rundbogenfriesen

Loggia. Lugnano in Teverino bei Rom. Santa Maria Assunta, 12./13. Jh.

Bes. im 16. Jh.; – 5. *Teneberleuchter** für die Karwoche; schmiedeeiserner Fuß mit dreieckigem oder dreiteiligem Aufsatz, im späten Mittelalter mit 12–15 Lichtern, je eines für Christus, die Apostel und manchmal die 3 Marien; – 6. *Ewiges Licht*, Öl-Ampel, die ständig vor dem Allerheiligsten (Venerabile) christlicher Kirche und in Synagogen brennt; – 7. *Blaker** (niederdeutsch blaken = rußen, glühen), Wandleuchter mit reflektierender Rückplatte; – 8. *Apostelleuchter*, an den 12 Stellen, an denen katholische Kirchen bei ihrer Weihe gesalbt werden, sind zur Erinnerung an die 12 → Apostel 12 Kreuze und 12 Wandleuchter angebracht, die gelegentlich Apostelbildnisse tragen.

Levitenstuhl → Dreisitz*

Lichtgaden, Obergaden, der obere, durch die Hochschiffenster belichtete Wandabschnitt der → Basilika. Die niedriger gelegene Fensterzone der Seitenschiffe heißt Untergaden. 18*; 25*

Lierne → Gewölbe 4, Abb. 5c

Lilie → Ornament*

Lisene*, auch Lesene, senkrechter, pilasterähnlicher Mauerstreifen, aber ohne Basis und Kapitell, häufig durch Rundbogenfriese mit den benachbarten Lisenen verbunden (Romanik). Gliedernde und stützende Funktionen.

Loggia*, 1. gleichbedeutend mit → Laube*; – 2. gleichbedeutend mit → Galerie; – 3. offene Bogenhalle, bes. in der ital. Renaissance; – 4. offener Raum im Obergeschoß, der innerhalb der Bauflucht (→ Flucht) liegt (im Unterschied zum vorspringenden → Balkon*).

Lohstein → Baustein 4

Louis-quatorze*, der frz. Barock zur Zeit des Sonnenkönigs Ludwig XIV. (1643–1715). Der Name wird auch auf das zeitgenössische Kunstgewerbe angewendet, z. B. die mit reicher Marketerie (→ Inkrustation) versehenen Boulle-Möbel.

Louis-quatorze. Boulle-Kommode

Louis-quinze*, der zur Regierungszeit Ludwigs XV., 1723–74, in Frankreich herrschende Stil, das → Rokoko.

Louis-seize*, der Übergang vom Rokoko zum Klassizismus in Frankreich während der Regierungszeit Ludwigs XVI., aber auch schon der voraufgehenden 15 Jahre (»Louis XVI sous Louis XV«). In Deutschland Zopfstil genannt. Er bezeichnet vor allem die im Vergleich zum Rokoko stille, wieder streng symmetrische Klarheit von Formen (Lyra, Vase, antike Ornamentfriese) und Farben der Möbel und Dekoration.

Louis-quinze. Rokoko-Tisch

Lukarne, geschoßhoher Dacherker in der Hausflucht (→ Zwerchhaus*), meist reich dekoriert. Vorwiegend im Schloßbau der französischen Spätgotik und Renaissance. Amboise, 42*

Louis-seize. Fensterdekoration und Schreibtischwange

Lukas, 1. → Evangelisten*; – 2. → Heilige

Lünette (frz. Möndchen), halbkreisförmiges Bogenfeld über Türen und Fenstern, auch als oberer gerundeter Abschluß eines Rechtecks.

Mäander, Wellenband, nach dem vielfach gewundenen Fluß Maiandros in Kleinasien benannter Ornament-Fries. → Ornament*

Louis-seize, Dekoration. O: Faszienstäbe mit Bändern. – U: Vase

Malerei-Techniken. Die malerischen Techniken werden unterschieden:

nach ihren Untergründen in Wandmalerei, → Sgraffito, Mosaik, → Glas-, Tafel-, → Faß-, Buchmalerei, nach den Lösungsmitteln, mit denen die Farbpigmente streichfähig gemacht werden, bzw. nach den Bindemitteln, mit denen die Farbpigmente untereinander und auf ihren Untergrund gebunden werden, in:

Aquarellmalerei lat. aqua = Wasser), lasierende M. (läßt den Grund durchscheinen) mit wasserlöslichen Farben ohne Weiß. Bindemittel: Gummi arabicum. Am Bau für Fresko-Malerei (sh. dort);

Gouache-Malerei (ital. guazzo = Lache, Wasser), wasserlösliche Deckfarben (mit Weiß), mit Gummi gebunden;

Tempera-Malerei (lat. temperare = im Mittelalter Bez. für das Mischen von Farben und Bindemittel), gelöst in Wasser oder Öl oder Lack. Bindemittel: Eigelb, Honig, Leim, Feigenmilch usw. Bis zum 15. Jh. für fast alle mittelalterlichen Tafelbilder (auf Holztafeln, bes. Altartafeln), dann allmählich von Ölmalerei verdrängt;

Fresko-Malerei (ital. fresco = frisch), Malerei mit laugenechten Wasserfarben auf frischem Kalkputz, der beim Abbinden (= Trocknen bei gleichzeitiger Aufnahme von Kohlensäure aus der Luft) die Farben an den Grund bindet. Seit 1300; bes. im Barock als Deckenmalerei;

Al-secco-Malerei (ital. secco = trocken), Wasserfarben auf trockener Wand; geringere Haftung und Wetterfestigkeit;

Ölmalerei, Farbpigmente in flüchtigen Ölen (Terpentinöl), Benzin usw. gelöst. Bindemittel: Lein-, Mohn-, Nußöl. Lasierend oder deckend aufgetragen. Trocknet durch Verdunsten des Lösungsmittels und Oxydation des Öls zu hygroskopischem Linoxyn. Seit 15. Jh. bes. für Tafelmalerei, zunächst nur auf Holz, später auf Leinen, auch Pappe, Kupfer, für Wandmalerei auf trockenem Putz. – Bei den modernen Binderfarben werden Kunstharze als Bindemittel verwendet;

Mischfarben-Technik, Kombination von Öl- und Tempera-Malerei;

Lackmalerei (Lack: indisch lakh = 100 000, gemeint ist die Vielzahl der Lackschildläuse, die Bäume zur Schellackabsonderung veranlassen), Lösung von harzigen Bindemitteln (Kolophonium, Kopal, Kunstharze) und Öl (bei Öllack) in flüchtigen Ölen (Terpentinöl) oder Ersatzstoffen. Trocknet ähnlich wie Ölfarbe. In China seit 1. Jahrtausend v. Chr., in Europa seit 17. Jh. nachgeahmt. Viele Techniken.

Mandorla → Heiligenschein; → Evangelisten*

Manierismus (ital. manierismo = Künstelei), im weiteren Sinne die unecht empfundene Nachahmung eines Stils. Der M. steht meist am Ende einer Stilepoche, bedient sich mit Virtuosität deren formaler und technischer Mittel, jedoch ohne innere Bindung an deren geistige Grundhaltung. Im engen Sinn meint M. die bildende Kunst und Literatur der Zeit zwischen Spätrenaissance und Barock, etwa 1525–1620. Die ausgezeichnete Porträtkunst zeigt mit Vorliebe aristokratisch-dekadente Gestalten. Inbrünstig-religiöse Darstellungen mit starken Affekten verweisen auf Zusammenhänge mit der Gegenreformation. Die unruhig bewegten, oft schraubenförmig gedrehten Körper (»linea serpentinata«) sind übermäßig gestreckt, Hände überfeinert, die Köpfe auffallend klein. Hell und Dunkel wechseln stark, der Raum ist unklar begrenzt. Alle Züge des M. finden sich eindrucksvoll in den Werken von Palladio (Venedig, Il Redentore), El Greco und Tintoretto. Der M. wird heute als eigenständiger Kunststil gewertet. → Floris-Stil; 42 f.*

Männerseite → Epistelseite
Mansarde → Dachformen 6*
Manuel-Stil → Emanuel-Stil
Marketerie → Inkrustation
Markus, 1. → Evangelisten*; – 2. → Heilige
Marmor (griech. marmareos = schimmernd; griech. marmaros = Stein), kristalliner Kalkstein, seit der Antike im Mittelmeerraum, im Norden erst seit der Renaissance häufiger in Baukunst und Plastik verwendet. In England wird für got. Säulen und Dienste gern der sog. Purbeck-M. verwendet, der aus Dorset stammt und eigentlich ein polierfähiger dunkelgrauer, brauner bis schwarzer Kalkstein ist. Der Barock imitiert den M. oft durch Stuck (stucco lustro → Bildhauerkunst IV) oder indem er Holz oder Stein mit Farben »marmoriert«. M. kommt in vielen europäischen Gebirgen und in Hunderten von Farbtönungen vor. Seit dem Klassizismus wird der weiße M. bevorzugt. Die moderne Plastik verwendet ihn nur noch selten. Berühmt wurden die griech. Sorten: *pentelischer* (bläulich) und *parischer* (blauweiß) M. sowie der ital. M. aus Carrara in der Toskana, den Michelangelo mit Vorliebe verwandte.

Martersäule*, Darstellung der Säule, an der Christus gegeißelt wurde, mit den Passionswerkzeugen. Oben auf der M. steht der Hahn (Matth. 26,34 und 69–75), davor manchmal auch der leidende, dornengekrönte Christus als → Erbärmdebild.

Hahn (Matth. 26,34)
Essigschwamm (Joh. 19,29)
Sturmlaterne (Joh. 18,3)
Schweißtuch der Veronika (apokryph)
Seil (Matth. 27,2)
Geißel (Matth. 27,26)
Schwert mit Ohr des Malchus (Joh. 18,10)
Speer (Joh. 19,34)
Schmerzensmann, »Erbärmdebild« (Matth. 27,29)

Martersäule. Billerbeck, 15. Jh. Postament barock

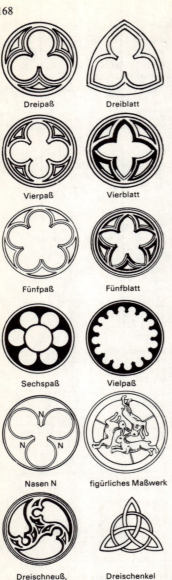

Dreipaß · Dreiblatt
Vierpaß · Vierblatt
Fünfpaß · Fünfblatt
Sechspaß · Vielpaß
Nasen N · figürliches Maßwerk
Dreischneuß, Fischblase · Dreischenkel

Maschikulis (frz.), Gußöffnungen am Wehrgang einer Burg. 66*
Maskaron, Maske als dekoratives →Ornament*. 43*
Maßwerk*, Bauornament aus geometrischen Grundformen, besonders aus Kreis, → Paß, Blatt, → Schneuß, Wabe und in deren Öffnungen einspringenden Nasen*. Ursprünglich als Lochformen im steinernen Bogenfeld über zwei, von einem gemeinsamen Bogen überfangenen Fenstern (»negatives« M., 33*) oder als Radfenster schon seit der Spätromanik. Seit der Hochgotik aus gebogenen, bes. in der (engl.) Spätgotik auch geraden Profilsteinen. Diese sind gleichdick oder dünner als das Stabwerk (→ Fenster) im unteren Fensterteil. M. dient auch der Gliederung von Rundfenstern, Rosenfenstern (→ Fenster, Abb. 5 und 7), Giebeln (Münster, 81*), →Wimpergen*, Brüstungen, Turmhelmen (Freiburg, 36*).
Blendmaßwerk ist einer geschlossenen Wand vorgeblendet.
Schleierwerk* = freistehendes, offenes Maßwerk vor einer Wand oder Nische.
Mastenkirche → Stabkirche*
Matthäus, 1. → Apostel*; – 2. → Evangelisten*; – 3. → Heilige

Schleierwerk
= freistehendes
Stab- und Maßwerk
Hochgotik

Mauerwerk*, Konstruktion aus natürlichen oder künstlichen Steinen entweder ohne Bindemittel (Trokken-M.) oder mit Bindemittel aus Lehm (Lehm-M.) bzw. Kalk, Traß (Mörtel-M.). Die römisch-antiken Techniken werden unter der Bezeichnung Opus zusammengefaßt.

Mauerwerk.
1 Bruchstein, wild, mit Ortsteinen (Kanten)
2 lagerhaft mit Sockel- und Ortquadern

I *Naturstein-M.* = opus italicum
A *Bruchstein-M.* = opus antiquum
   (als Füll-M. = opus incertum, Abb. 18)
   a wild, Abb. 1
   b lagerhaft, Abb. 2
   c fischgrätenartig = opus spicatum, vgl. IIa
B *Feldstein-M.*
C *Haustein-M.* = opus siliceum: Zyklopen-M., Polygonal-M.
   a roh, mit kleinen Steinen verfüllt, Abb. 3 (also eigentlich Bruchstein, IAa, bzw. Feldstein, IB)
   b leicht bearbeitet, verfüllt, Abb. 4
   c regelmäßige Polygonalblöcke mit geglätteter Oberfläche, ohne Zwischenräume, in der Art von Entlastungsbögen um zentrale Steine angeordnet, Abb. 5
   d trapezförmig abgearbeitet, versetzte Schichten, Abb. 6
D *Quader-M.* = opus romanum
   a rechteckige Quadern in waagerechten Läufer- und Binderschichten = opus quadratum, Abb. 7
   b gleichhohe Schichten = opus isodomum
   c wechselnde Schichthöhen = opus pseudoisodomum, opus vittatum, Abb. 8

3 Polygonalmauerwerk, roh, verfüllt
4 leicht bearbeitet, verfüllt

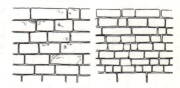

5 regelmäßig, geglättet, ohne Lücken
6 trapezförmig, versetzte Schichten

7 Quadermauerwerk, Läufer und Binder
8 wechselnde Schichthöhen

9 Rustikamauerwerk, Buckelquader
10 mit Kantenschlag

11 Polsterquader;
12 Backsteinmauerwerk, fischgrätenartig (opus spicatum)

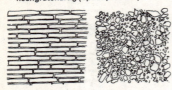

13 waagerechte Reihen als Schalung
14 Stampfmauerwerk, betonartig

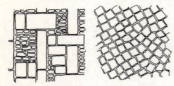

15 Mischmauerwerk, Steinfachwerk
16 netzartige Verblendung, vgl. 17, 18

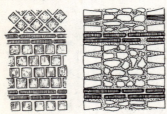

17 Opus reticulatum, Verblendsteine in Füllmauerwerk; waagerechte Backstein-Ausgleichsschichten (Schichtmauerwerk)
18 Schnitt

19 Römisches Gewölbe aus Gußmauerwerk (opus fusile) zwischen Backsteinrippen

d Rustika-M. = opus rusticum, grob behauene Buckelquader (deren Ansichtsseite = Bosse, daher auch: Bossenwerk), Abb. 9
e mit Kantenschlag, Abb. 10
f Polsterquader, mit abgerundeten Kanten, Abb. 11

II *Backstein-M.* = opus latericium
a in unterschiedlichen Verbänden, z. B. fischgrätenartig = opus spicatum, Abb. 12
b in waagerechten Lagen oft als Schalung für Guß- und Stampf-M. (sh. III, IVc) = opus testaceum (seit Mitte 1. Jh. v. Chr.), Abb. 13
c oder als dessen haltende Zwischenschichten (sh. IVd)

III *Stampf- oder Gußmauerwerk,* im aufgehenden M. immer nur als Füllwerk = opus emplectum hinter Verblendmauerwerk oder Vormauerung
a betonartige Mischung von Steinsplittern und Mörtel = opus caementicium, Abb. 14
b Gußwerk = opus fusile, Abb. 19

IV *Gemischte Materialien* = opus mixtum
a aus verschiedenen Steinarten, z. B. Steinfachwerk = opus gallicum, Abb. 15 (stammt aus Afrika, in Italien und Gallien oft angewandt)
b aus Füll-M. (sh. III) und Verblend-M., z. B. pyramidenförmigen, aber waagerecht liegenden Steinen, deren quadratische Fußflächen netzartige Muster ergeben = opus quasireticula-

tum, Abb. 16; opus reticulatum, Abb. 17, 18
c aus Backstein (als Schalung) und Füll-M., z. B. als opus testaceum (seit Mitte 1. Jh. v. Chr.), Abb. 13
d als haltende Zwischenschicht eines Füll-M.s, Abb. 17, 18
e oder eines Guß-M.s, z. B. als Gewölberippen, Abb. 19

→ Baustein*

Maureske, → Ornament* aus streng stilisierten Pflanzen, islamisch nach hellenistischen Vorbildern, seit der Renaissance wieder angewandt. Vgl. → Arabeske

Mausoleum → Grabmal

Medaillon* (frz. große Medaille), Bild oder Relief in rundem oder elliptischem Rahmen.

Megaron* (griech. das Geräumige), 1. Hauptraum des griechischen Wohnhauses mit Herd und Vorhalle; – 2. Thronsaal der kretischmykenischen Burg. – Das Megaron ist Vorform des griechischen Tempels. Steinzeitliche Herkunft (Ost- und Mitteleuropa).

Meisterzeichen*, oft in einen Schild eingehauenes Zeichen, das den führenden Baumeister kennzeichnet und an einer gut sichtbaren Stelle des Bauwerks angebracht wird. Seit dem 14. Jh. gebräuchlich.

Mensa → Altar*

Metope → Bauplastik. 10*

Mezzanin* (ital.), -geschoß, niedriges Halb- oder Zwischengeschoß unterm Dach oder überm Erdgeschoß. Renaissance, Barock, Klassizismus.

Minoritenkirche → Bettelordenskirche*

Miserikordie → Chorgestühl*

Medaillon. Holzrelief, 1630. Barock

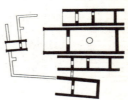

Megaron-Gruppe, Troja, um 2150 v. Chr.

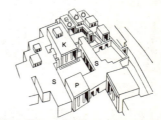

Tiryns, Megarongruppe der Dynastenburg, 14. Jh.–1150 v. Chr. Ö östl., ältere Gruppe in Parallelstellung; westl. Baugruppe labyrinthisch. K Königsmegaron; P Propylon; S Säulenhallen

O: Meisterzeichen der Baumeisterfamilie Parler. – U: Prag, Veitsdom, Parlerbüste mit Meisterzeichen, um 1380. Gotik

Mezzanin (M), 1620. Spätrenaissance

S. Miguel de Escalada, 913 gew. Mozarabische 3schiffige Basilika, Hufeisenbogen in den Arkaden und im Grundriß der 3 Apsiden.

Mudéjar. Teruel, Torre San Martin, 15. Jh. Polychromer Backsteinbau.

Mittelschiff, der mittlere Raum eines mehrschiffigen → Langhauses. → Basilika*

Model, I. vertiefte Gußform; – II. 1. auch: Modul (lat. modulus = kleines Maß), der halbe untere Säulendurchmesser antiker Säulen als Einheit für die Maßverhältnisse der Säulenordnung (→ Interkolumnium*). Bei Teilung durch 30 ergeben sich die Minuten (Partes); – 2. Ausgangseinheit verschiedener → Proportionslehren*, z. B. Le Corbusiers »Modulor«; – 3. Durchmesser einer Münze oder einer Medaille.

Moderne Architektur, 62 f.*, 88 f.*

Monatsbilder → Symbole 14*

Mönch-und-Nonnen-Dach → Priependach*

Monopteros, Rundtempel mit Säulenkranz, aber im Unterschied zum → Tholos (9*) ohne Cella. → Gartenkunst* (Gloriette)

Motte, Turmhügelburg. 68*

Mozarabische Kunst*, westgot.-islamischer Mischstil der Christen, die auf dem von Arabern (Mauren) besetzten Gebiet Spaniens toleriert wurden.

Mudéjar* (aus arab. mudaggin = wohnen bleiben [der Araber unter den Christen]), spanischer Dekorationsstil aus maurischen, gotischen und (später) Renaissanceformen.

Münster (lat. monasterium = Kloster), süddeutsche Bez. für → Dom. M. hieß ursprünglich die gesamte Klosteranlage, dann nur die Klosterkirche. Heute Name einer → Kathedrale oder städtischen Hauptkirche.

Muschelwerk → Rocaille; 51*

Musen* (griech. musa), griech. Schutzgöttinnen der Künste und Wissenschaften. Athen verehrt ur-

sprünglich nur eine Muse: Mnemosyne, die Göttin des Gedächtnisses. Später gibt es 9 Musen, die seit dem Hellenismus mit ihren → Attributen dargestellt werden: *Erato* (ernste Liebeslyrik): Kithara; *Euterpe* (Musik, Lyrik): Flöte; *Kalliope* (Epos): Buch und Rolle; *Klio* (Geschichte, Philosophie, Epos): Schriftrolle; *Melpomene* (Tragödie): tragische Maske; *Polyhymnia* (Lied): ohne Attribut; *Terpsichore* (Tanz): Lyra; *Thalia* (Komödie): komische Maske; *Urania* (Astronomie): Globus.
Mutulus, Dielenkopf, Hängeplatte unter dem dorischen Geison. 10*

Musen. Klio, Thalia, Erato, Euterpe, Polyhymnia, Kalliope, Terpsichore, Urania, Melpomene

Nagelkopf-Fries → Ornament*
Naos, die Cella des griechischen Tempels. 9*
Narthex*, auch Galiläa, Paradies (griech. paradeisos = Park), 1. das Atrium der altchristlichen und mittelalterlichen → Basilika*: von Säulenhallen umgebener Vorhof; – 2. Vorhalle der Kirche, oft reich mit Bauplastik geschmückt. Früher wurden hier die Leichen niedergesetzt und gesegnet, bevor sie in die Kirche gebracht wurden. Der Narthex wird im byzantinischen Kirchenbau »Litai« genannt.
Nase, in die Öffnung eines (gotischen) → Maßwerks* vorspringende Spitze.
Neidkopf → Bauplastik*
Neubarock → Gründerzeit*
Neugotik, Neogotik, der Gotik nachempfundene Baugestaltung, in England um 1720 beginnend, seit 1750 als »Rokoko-Gotik« = erste Phase des Gothic Revival in Mode, seit dem späten 18. Jh. als Bestandteil des Historismus in Eu-

Narthex. P Paradies in der Art eines Atriums. Maria Laach, Klosterkirche, 12. Jh.

Narthex, Galiläa, Vorhalle einer Kirche. Tournus/Frankreich, 11. Jh. Romanik

Narthex. Paradies-Portal. Paderborn, Dom, 12./13. Jh.

Li: Obelisk. – Re: Obelisk als Bekrönung einer Balustrade über dem Kranzgesims. Venedig, Bibliothek San Marco, 1553, Sansovino

ropa verbreitet und vereinzelt bis in die jüngste Zeit fortlebend. 61*

Neurenaissance, Neorenaissance, Wiederaufnahme von Bau- und Möbelformen der Renaissance im letzten Drittel des 19. Jhs. Historismus, 61

Niello → Inkrustation

Nimbus → Heiligenschein*

Nonnenchor, Prieche, Nonnenempore im Frauenkloster oder -stift.

Nothelfer, die vierzehn, Gruppe von 14 Heiligen, die seit dem 13. Jh. als bes. Fürbitter bei Gott gelten. Mittelpunkt ihrer Verehrung ist die barocke Wallfahrtskirche Vierzehnheiligen (Gnadenaltar, 56*, mit figürlichen Darstellungen). Meist werden folgende Heilige als N. mit ihren → Attributen dargestellt: *Erasmus* (Winde), *Eustachius* (Hirsch), *Georg* (Drache), *Katharina* (Rad), *Cyriak* (Teufel), *Christophorus* (Jesuskind), *Dionysius* (abgeschlagener Kopf), *Achatius* (Dornenkrone oder Kreuz), *Vitus* (Hahn, Kessel), *Blasius* (gekreuzte Kerzen), *Barbara* (Turm), *Ägidius* (Hirschkuh), *Margarete* (Drachen an der Kette), *Pantaleon* (Nägel in der Hand haltend oder Hände aufs Haupt genagelt).

Nymphäum → Brunnen*

Obelisk* (griech. Bratspießchen), hoher rechteckiger Steinpfeiler, verjüngt sich nach oben und endet in einer Pyramidenspitze. Ägyptisches Kultsymbol, von der Renaissance kleinformatig als Baudekoration verwendet, am häufigsten mit → Voluten* zusammen als Schweifwerk (→ Beschlagwerk*) am Dachgiebel.

Obergaden, 1. → Lichtgaden; – 2. vorkragendes hölzernes Obergeschoß eines Wehrturms. Motte, 68*
Ochsenauge → Fenster II, 3, Abb. 6
Ohrmuschelstil → Ornament*; 43*
Oktogon (griech. Achteck), Bauwerk, das über einem regelmäßigen Achteck errichtet ist. Aachen, 18*; Castel del Monte, 69*
Opisthodomos (griech. Hinterhaus), rückwärtige Halle des griech. Doppelantentempels, die auch als Schatzkammer verwendet wurde. 9*
Optische Ergänzung*, Eigenart des → Rokoko, bei der paarige Kunstwerke (z. B. Seitenaltäre) nicht – wie etwa noch im Barock – in sich symmetrisch sind, sondern erst miteinander eine Symmetrie ergeben. Die Symmetrieachse verläuft also außerhalb des Einzelstücks und fällt mit der Achse des Gesamtraumes zusammen.

Optische Ergänzung. Birnau, Seitenaltäre der Wallfahrtskirche, um 1750

Opus → Mauerwerk*
Orangerie → Gartenkunst
Orans, Orant*, 1. in der altchristlichen Kunst eine Gestalt mit langem Gewand und erhobenen Händen als Verkörperung des Gebets; – 2. → Adorant.
Oratorium* (lat. Betraum), 1. der Mönchs- bzw. Priester-Chor in Kloster- und Stiftskirchen; – 2. Bez. für → Bettelordenskirche*; – 3. private oder klösterliche Hauskapelle; – 4. vergitterte oder verglaste Loge mit Blick zum Altar für weltliche oder geistliche Würdenträger, bes. in Barockkirchen; – 5. Orgelbühne.
Orchestra, Spielfläche des antiken → Theaters*.
Orgelprospekt*, Schauseite der Orgel. In der Gotik ähnlich dem Flügelaltar oft mit Gespränge (→ Altar

Orantin. Rom, Katakomben, 2. Jh.

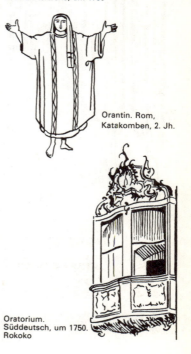

Oratorium. Süddeutsch, um 1750. Rokoko

b*) und bemalten Flügeltafeln versehen, im Barock zu gewaltigen Ausmaßen gesteigert, mit marmoriertem (→ Marmor) Holzgehäuse, Schmiedeeisen, Zimbelstern (= sternförmiges, drehbares Glockenspielwerk) und Figurenschmuck ausgestattet. Die überreiche Ornamentik, Putten u. ä. des Rokoko lösen die architektonische Klarheit auf. Heute setzt sich der »offene« O. durch, der allein durch die harmonische Anordnung der Pfeifen wirkt.

Orientierung, auch Ostung, Ausrichtung der Längsachse christlicher Kirchen von W nach O, so daß → Chor und → Altar nach O (d. h. zum hl. Land im Orient bzw. zur aufgehenden Sonne) weisen. Bei Bestattungen in der Kirche (Grablege) zeigen Füße und Gesicht des Toten gewöhnlich nach O. Auch nichtchristliche Kultbauten werden oft »orientiert« (griech. Tempel; Moschee; → Synagoge)

Ornament (lat. ornare = schmücken), Verzierungsmotiv, schmückende Einzelform. Die Gesamtheit aller Schmuckformen an einem zusammenhängenden Kunstobjekt, eines Raumes, einer Fassade heißt → *Dekoration*, die Summe aller Ornamente innerhalb eines bestimmten Kunstkreises *Ornamentik*, z. B. Renaissance-Ornamentik. Das O. dient zum Schmuck = *schmückendes O.* (z. B. Rocaille, Maskaron) oder zur Gliederung = *gliederndes O.* (z. B. Lisene, Maßwerk). Die Übergänge fließen; denn ein schmückender Fries kann zugleich die Fläche gliedern. Hauptformen sind: 1. *geometrisches O.*, mit Zirkel und Lineal konstruiert, z. B. Zackenfries, Mäander; – 2. *vegetabilisches* oder *pflanzliches O.*, z. B. Knospenkapitell, Akanthusblatt; – 3. *Tier-O.*, z. B. Bukranionfries; – 4. *O. aus menschlichen Formen*, z. B. Figurenkapitell.

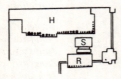

Orgelprospekt. O: Ansicht. – U: Grundriß. H Hauptorgel; S Spieltisch; R Rückpositiv. Essen, Münster, 1963

Die Ziffern hinter den Stichwörtern geben die Nummern der Zeichnungen an

→ *Akanthus**
Akroterion 55, 56
Anthemion 5
Arabeske 79
Astragal 8
Astwerk 67

Ballenblume 49
Ball-flower 49
Bandelwerk 81; Seite 51*
Beak-head 32
→ *Beschlagwerk*; Seite 43**
Blattfries 27, 38, 41, 42, 45, 48, 49, 50, 52, 53
Blattmaske 72;
→ *Jugendstil**
Blattwelle 3, 6, 9
Blumen-, Blütenfries 5, 41, 49, 50
Bogenfries 22, 23, 24, 37, 40, 43, 44
Bourbonische Lilie 66
Buckelblatt 63
Bukranionfries 11
Byzantinisches Ornament 13

→ *Churriguerismus**

Deutsches Band 19
Diamantfries 25, 28
Dogtooth 46, 47
Dorisches Kymation 3
Double-cone 35
Drôlerie 68

Eierstab 6
Entrelacs 15, 21

Fächerrosette 69
Felderfries 33
Feston 65
→ *Flambeau*, Fackel*

→ *Flamboyant; Seite 33**
Flechtbandfries 15, 21
Fleur de lis 66
Fruchtgehänge 65
Frühchristliches Ornament 12

Gedrehtes Tau 18
Girlande 65
Groteske 75

Hundszahn 46, 47

Ionisches Kymation 6

Kartusche 76, 77
Kegelfries 35
Keilschnitt 82
Kerbschnitt 82
Kleeblattbogenfries 37, 43, 44
Knorpelwerk 74; Seite 43*
Konsolsims 37, 40, 43, 44
Krabbe 61, 62, 63, 64
Kreuzblume 58, 59, 60
Kreuzbogenfries 24, 40
Kriechblume 61, 62, 63, 64
Kymation 3, 6, 9

Laubfries 27, 38, 41, 42, 45, 48, 49, 50, 52, 53
Laufender Hund 7
Lesbisches Kymation 9
Lilie 66
→ *Lisene**
Lotosblume 5

Mäander 1, 4, 7, 10, 34
Maskaron 73, 74; Seite 43*
→ *Maßwerk*; Seite 33**

Maureske 80

Nagelkopffries 25

Ohrmuschelstil 78; Seite 43*

Palmette 55, 56
Palmettenfries 2, 5
Perlstab 8
Pinienzapfen 57
Plattenfries 33

Rautenfries 26
→ *Rocaille, Muschelwerk; Seite 51**
Rollenfries 17
Rollwerk 73, 76; Seite 43*
Rosette 69, 70, 71
Rundbogenfries 22, 23

Sägezahnfries 16
Schachbrettfries 20
Scheibenfries 29
Schnabelkopffries 32
Schuppenfries 36
Spitzbogenfries 37
Spitzzahnfries 16

Taufries 18
Tierfries 11, 12, 30, 32

Vierpaßfries 39

Wasserlaub 9
Wellenband 7, 10
Wirbelrosette 71
Würfelfries 20

Zackenfries 31
Zahnfries 19
Zahnschnitt 19
Zangenfries 14
Zickzackfries 31
Zinnenfries 51, 54

178 Friese
Griechische Antike

1 Mäander

2 Palmettenfries

3 Dorisches Kymation
Blattwelle

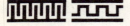

4 Mäander

5 Anthemion: Palmetten mit Lotosblüten

6 Ionisches Kymation
Eierstab, Blattwelle

7 Mäander, Wellenband
Laufender Hund

8 Astragal, Perlstab

9 Lesbisches Kymation
Wasserlaub, Blattwelle

Römische Antike

10 Mäander, Wellenband

11 Bukranionfries

Frühchristentum, Byzantinismus

12 Frühchristlicher Ornamentfries
Ravenna, 6. Jh.

13 Byzantinischer Ornamentfries
Konstantinopel, 6. Jh.

Völkerwanderung, Karolingische Kunst

14 Zangenfries, Ravenna, A. 6. Jh.

15 Flechtbandfries, Entrelacs. Um 800

Romanik

16 Sägezahn-, Spitzzahnfries

17 Rollenfries

18 Taufries, Gedrehtes Tau

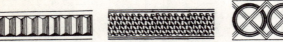

19 Zahnschnitt, Zahnfries
Deutsches Band

20 Schachbrett-, Würfelfries

21 Flechtbandfries, Entrelacs

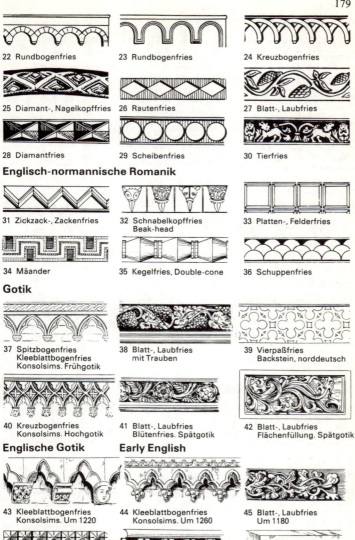

22 Rundbogenfries
23 Rundbogenfries
24 Kreuzbogenfries
25 Diamant-, Nagelkopffries
26 Rautenfries
27 Blatt-, Laubfries
28 Diamantfries
29 Scheibenfries
30 Tierfries

Englisch-normannische Romanik

31 Zickzack-, Zackenfries
32 Schnabelkopffries Beak-head
33 Platten-, Felderfries
34 Mäander
35 Kegelfries, Double-cone
36 Schuppenfries

Gotik

37 Spitzbogenfries Kleeblattbogenfries Konsolsims. Frühgotik
38 Blatt-, Laubfries mit Trauben
39 Vierpaßfries Backstein, norddeutsch
40 Kreuzbogenfries Konsolsims. Hochgotik
41 Blatt-, Laubfries Blütenfries. Spätgotik
42 Blatt-, Laubfries Flächenfüllung. Spätgotik

Englische Gotik **Early English**

43 Kleeblattbogenfries Konsolsims. Um 1220
44 Kleeblattbogenfries Konsolsims. Um 1260
45 Blatt-, Laubfries Um 1180
46 Hundszahn Dogtouth. Um 1240
47 Hundszahn Dogtooth. Um 1260
48 Blatt-, Laubfries

Englische Gotik   Decorated

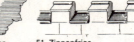

49 Ballenblume und Blatt
Ball-flower. Um 1320

50 Blumen-, Blütenfries
Vierblattblüte. Um 1350

51 Zinnenfries
Um 1400

Perpendicular

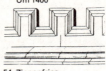

52 Blatt-, Laubfries
Um 1480

53 Blatt-, Laubfries
mit Trauben. Um 1500

54 Zinnenfries
Um 1450

Ornamente

55 Akroterion, Eck- Akroterion
Palmette
Antike

56 Akroterion, Giebel-A.
Palmette
Antike

57 Pinienzapfen
(Fruchtbarkeitssymbol)
Seit Antike

58 Kreuzblume
12. Jh. Frühgotik

59 Kreuzblume
14. Jh. Hochgotik

60 Kreuzblume
15. Jh. Spätgotik

61 Krabbe, Kriechblume 12. Jh. Frühgotik
62 Krabbe, Kriechblume 13. Jh. Hochgotik
63 Buckelblatt-Krabbe Kriechblume 14. Jh. Hoch-Spätgotik
64 Krabbe, Kriechblume 15. Jh. Spätgotik

65 Girlande, Feston, Fruchtgehänge. Seit Antike

66 Lilie, Fleur de lis = Bourbonische Lilie Seit 1179 im frz. Königswappen
67 Astwerk. Spätgotik
68 Drôlerie. Hochgotik

69 Fächerrosette am Fachwerkbau (auch am Steinbau). Renaissance
70 Rosette Seit Antike
71 Wirbelrosette Seit Antike

72 Blattmaske Hochgotik
73 Maskaron mit Rollwerk. A. 17. Jh. Manierismus bis Frühbarock
74 Maskaron aus Knorpelwerk E. 16.–17. Jh. Dt. Spätrenaissance
75 Groteske Seit Antike. Hier: ital. Renaissance. Um 1500

76 Kartusche mit Rollwerk. Manierismus

77 Kartusche Rokoko

78 Ohrmuschelstil, dem Knorpelwerk verwandt. Zwischen 1580 und 1680 in den germanischen Ländern

79 Arabeske, naturalistisch-plastisches Blatt- und Rankenwerk. Seit Hellenismus

80 Maureske, flächenhafte, stilisierte Ranken, Blätter, Blüten. Seit Hellenismus

81 Bandelwerk Barock

82 Kerbschnitt, Keilschnitt Seit Steinzeit. Hier: A. 20. Jh.

Palas, Herrenhaus der Burg. 67*
Palladianismus, auf den ital. Baumeister Andrea Palladio (1508–80) zurückgehende Architektur der Spätrenaissance und des Barock. Schließt sich bes. eng an die röm. Antike an, reduziert darum die Fassadendekoration und sucht klare, strenge Proportionen. Zu seinen Eigenarten gehören u. a. → Kolossalordnung* und → Palladio-Motiv*. Der P. bestimmt für zwei Jahrhunderte die englische Baukunst wesentlich, seit er A. 17. Jh. dort durch I. Jones eingeführt wurde (London, 82*), und übt seit etwa 1650 starke Einflüsse auf Frankreich und das übrige Europa aus. Vicenza, 72*

Palladio-Motiv. Vicenza, sog. Basilika, beg. 1546, Palladio. Ein älterer Saalbau wurde mit 2geschossigen Arkadengängen umbaut, die sich in Reihungen des Palladio-Motivs öffnen.

Palladio-Motiv*, auch Venezianisches Fenster, in England – weil auf Serlios »Architettura« zurückgehend – Serliomotiv oder Serliana genannte Wandöffnung, bei der eine auf Säulen oder Pfeilern stehende Bogenöffnung von 2 schmal-rechteckigen Öffnungen flankiert wird, deren Gebälk in Höhe des Bogenkämpfers verläuft. Von Palladio und seinen Nachfolgern oft verwendet.

Palmesel*, Fahrgestell mit einem hölzernen Esel, auf dem eine lebensgroße Christusfigur mit segnender Gebärde sitzt. Wird seit dem Mittelalter in der Palmsonntagsprozession mitgeführt zur Erinnerung an Christi Einzug in Jerusalem (Matthäus, 21,1–11).

Palmette → Ornament*

Paneel, hölzerne Wandverkleidung, meist aus Einzelfeldern zusammengesetzt, bes. seit → Rokoko mit zarten Schnitzereien (→ Boiserie), Malerei oder Intarsien (→ Inkrustation) geschmückt.

Palmesel, E. 15. Jh. Bregenz, Vorarlberger Landesmuseum

Paradiesfluß Gihon als Träger eines Bronze-Taufbeckens. Hildesheim, Dom, um 1240

Pavillon. Herrenhausen bei Hannover, Schloßpark, 1699. Barock

Pantokrator (griech. Allmächtiger), Christus als Weltherrscher, in der Linken das Buch des Lebens, die Rechte erhoben. Seit dem 4. Jh. ein bedeutendes Thema der christlichen Kunst, bes. häufig in der Kalotte der → Apsis und inmitten der → Evangelisten* oder deren Symbole als Maestas Domini = Herrlichkeit des Herrn dargestellt.

Paradies → Narthex*

Paradiesesflüsse*, Euphrat, Tigris, Gihon und Physon (I. Moses 2,10 ff.), in der frühchristlichen Kunst als Bäche, im Mittelalter als Männer mit Gefäßen dargestellt, denen Wasser entströmt.

Park → Gartenkunst*

Parlatorium → Kloster

Paß, Kreisteil des gotischen → Maßwerks*; nach der Anzahl der zusammengehörigen, durch → Nasen* getrennten Kreisbögen Drei-, Vier- bis Vielpaß.

Passionssäule → Martersäule*

Passionswerkzeuge, die Leidenswerkzeuge, die bei der Passion Christi angewendet wurden: Nägel, Ruten, Geißel, Dornenkrone, Lanze, Essigschwamm auf einem Rohrstock usw., bis zu 30 verschiedene Teile, darunter auch solche, die nur zum Randgeschehen gehören, wie Zange, Schweißtuch, Würfel. Sie werden seit dem Mittelalter oft als Symbole des Leidens Christi dargestellt, so auf dem → Fastentuch* und der → Martersäule*.

Passionswerkzeuge → Martersäule*; → Fastentuch

Passionszyklus → Kreuzweg*

Pastophorien, im frühchristlichen und byzantinischen Kirchenbau die Räume am Ostende der Seitenschiffe: Prothesis (N = Sakristei) und Diakonikon (S = für Diakone und Geräte), ergeben zusammen mit dem Chor oft einen Zellenquerbau. 15*

Patina, auch Edelrost, die äußere Schicht auf Kupfer und Bronze, die mit der Zeit durch Oxidation entsteht, aber auch oft künstlich erzeugt oder imitiert wird. Ihre grüne, braune oder schwarze Farbe gilt als Zeichen ehrwürdigen Alters.

Pavillon*, 1. *Gartenpavillon* = freistehender, kleinerer Bau, ganz oder teilweise offen (→ Gartenkunst 1); – 2. *Eckpavillon* = Eckrisalit (→ Risalit*) eines Barockschlosses mit eigenem Dach.

Pechnase, Gußerker. 66*; 67*

Pelikan → Symbole 10*

Pendentif → Kuppel*

Pergola → Laube

Peripteros, → Tempel*, dessen Cella von einem Säulenkranz umgeben ist. 9*

Peristyl*, Peristylium, Peristylion, auch: Cavaedium; 1. Säulenhalle, die den Hof eines Wohnhauses oder eines Tempels umgibt (Peribolos, auch für Temenos = Tempelbezirk); – 2. das Atrium der frühchristlichen und mittelalterlichen Basilika. → Narthex*

Perlstab → Ornament*

Perpendicular style* (engl. von lat. perpendiculum = Richtlot), Sonderform der engl. Hoch- und Spätgotik, beginnend Ende 1. Drittel 14. Jh. und um 1500 im Tudor style aufgehend, der die Schlußphase der engl. Gotik bildet. Der Name bezieht sich auf die vorherrschend senkrechten Linien des Stabwerks, mit dem die breiten, hohen Fenster und Wände gegliedert sind. Typisch auch das Fächergewölbe. Cambridge, 39*

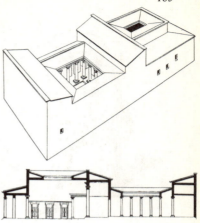

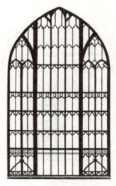

Italisches Peristylhaus. V Vestibulum vor den F Fauces; AM Atrium mit I Impluvium; A Ala; G Gang; T Tablinum; P Peristylium anstelle des Hofs, von Wohnräumen flankiert; E Exedra.

Perpendicular-Fenster. Gloucester, 1349

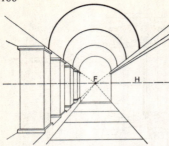

Perspektive. Alle in die Ferne gerichteten, in der Natur parallelen Linien laufen auf dem H Horizont im F Fluchtpunkt zusammen.

Umgekehrte Perspektive bei Tischplatte und Fußbank. Buchmalerei, um 1230

Bedeutungsperspektive: St. Augustinus und zwei Adoranten; Holzschnitt, 1490

Perspektive* (lat. perspicere = hindurchschauen), die Darstellung des dreidimensionalen Raums (Länge – Breite – Tiefe) auf der zweidimensionalen Mal- oder Zeichenfläche (Länge – Breite). Die der Fläche fehlende Tiefe wird perspektivisch vorgetäuscht, indem gleichgroße Gegenstände mit zunehmender Entfernung in demselben Maße kleiner dargestellt werden, wie sie auch dem Auge im wirklichen Raum kleiner erscheinen (= perspektivische Verkürzung). Die mathematisch konstruierbare P. wird erst in der Frührenaissance erfunden. Der Barock bedient sich ihrer, um in virtuoser Weise architektonische Wandgliederungen und insbes. scheinbar ins Unendliche hinein geöffnete Dekken vorzutäuschen (= Scheinarchitektur). Mit der wachsenden Bedeutung der Farbe seit dem Impressionismus hat die P. in der Gegenwart an Bedeutung verloren.

Bei der *umgekehrten Perspektive**, die in der frühchristlichen und mittelalterlichen Malerei häufig auftritt, verkürzen sich die Gegenstände nicht vom Betrachter in Richtung zum Hintergrund, sondern von der Sicht der Hauptfigur des Bildes her in der Richtung auf den Betrachter perspektivisch. Diese einander scheinbar widersprechenden Formen der P. sind weniger mathematisch als geistesgeschichtlich zu verstehen: Frühchristentum und Mittelalter sehen in dem verehrten – und deshalb dargestellten – Gegenstand ein Gleichnis der göttlichen Ordnung, die zugleich Ausgangspunkt der (auch perspektivischen) Ordnung der Welt ist. Dadurch erscheinen auch Figuren des Vordergrundes im Falle geringerer Bedeutung kleiner als die des Mittel- oder Hintergrundes (»Bedeutungsperspektive«). Erst die Renaissance setzt den betrachtenden Menschen als Maß aller Dinge.

Pfalz (lat. palatium), Residenz von Kaisern, Königen und Bischöfen im Mittelalter. 64; 66*

Pfau → Symbole 11*

Pfeiler* (lat. pila), senkrechte Stütze mit rechteckigem oder polygonalem Querschnitt. Er kann wie eine → Säule in Basis (Fuß), Schaft, → Kapitell und/oder → Kämpfer gegliedert sein, kann freistehen = *Freipfeiler* oder aus der Wand heraustreten = *Wandpfeiler* (→ Pilaster*).

Die *Rundpfeiler** – bes. in spätgot. Hallenkirchen – haben kreisförmigen Querschnitt und sind grundsätzlich dasselbe wie Säulen, auch ihre fehlende → Entasis (Schwellung) ist vielen Säulen eigen. Sie sind aber oft entweder übermäßig schlank oder stark gedrückt. *Kreuzpfeiler** bestehen aus einem quadratischen Pfeilerkern und je einer rechteckigen Vorlage an jeder Seite. Um *Bündelpfeiler** sind verschieden starke Halb- oder Dreiviertelsäulen (→ Dienst*) gruppiert, die sich ins → Gewölbe oder in Arkaden hinein als Rippen oder Gurte fortsetzen und entsprechend ihrem kleineren oder größeren Durchmesser *junge* oder *alte Dienste* heißen. → Kantoniert*

Phönix → Symbole 12*

Piedestal → Postament

Pilaster*, Wandpfeiler, der nur wenig aus der Wand hervortritt. Wie eine → Säule in Basis (Fuß), Schaft, → Kapitell und/oder

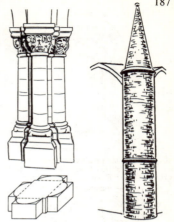

Li: (Bündel-)Pfeiler mit Halbsäulenvorlagen. Willebadessen, um 1200. Romanik.
Re: Gemauerter Rundpfeiler. Montpellier, Vorhalle der Kathedrale

Li: Kreuzpfeiler, Romanik. Re: Gotischer Bündelpfeiler

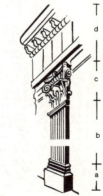

Pilaster. a Basis mit Sockel; b kannelierter Schaft; c Kapitell; d Gebälk. Barock

Piscina. Nevers, Kathedrale, 15. Jh.

Platero-Stil. Valladolid, S. Pablo, nach 1486. Portalzone der figürlich und dekorativ überschwenglich ausgestatteten Fassade.

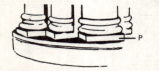

Plinthe (P) unter der Basis eines romanischen Bündelpfeilers

→ Kämpfer gegliedert und gelegentlich kanneliert (→ Kannelierung*) oder ornamentiert. Zwecke: Mauerverstärkung, Wandgliederung, Gebälkträger, Portal- und Fensterrahmung.

Piloten, Einz. Pilote; Stützen, die anstelle eines Erdgeschosses ein Bauwerk tragen. 88*

Pilzdecke, von Pilzsäulen (88*) getragene Stahlbetondecke ohne Unterzüge

Pinienzapfen → Ornament*

Piscina* (lat. Fischbecken), 1. Schwimmbecken in röm. Thermen; – 2. das Taufbecken im → Baptisterium*; – 3. liturgisches Wasserbecken, meist in Form einer Nische in der südlichen Chorwand, mit Ablauf in eine Sickergrube (Sacrarium) für das Wasser, das zum Waschen der Hände des Priesters und der heiligen Gefäße gebraucht wurde und das nach einer kirchlichen Vorschrift nicht in eine Kloake gelangen darf.

Plastik → Bildhauerkunst*

Platerostil* (span. platero = Silberschmied), span. Dekorationsstil der Spätgotik und Renaissance, neigt zur Überladung mit kleinteiligen Schmuckmotiven maurischer, gotischer und renaissancezeitlicher Herkunft. Er steht dem spätgotischen →Isabell-Stil nahe, entlehnt aber auch von der ital. Renaissance plastische Elemente: Medaillons, Pilaster, Grotesken, Nischen usw. Burgos, 37*

Plattenfries → Ornament*

Plinthe* (griech. plinthos = Ziegel), rechteckige oder quadratische Fußplatte unter → Säule, → Pfeiler, → Postament, Statue.

Podest, 1. Treppenabsatz; – 2. auch für → Estrade

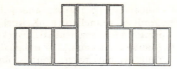

Polyptychon, 9teilig

Portal. Romanik, 11./12. Jh.

Polsterquader → Mauerwerk IDf, Abb. 11

Polyptychon* (griech. polys = viel; ptyx, Genitiv ptychos = Falte; polyptychos = faltenreich), Flügelaltar (→ Altar*) oder Gemälde mit mehr als 2 Flügeln. → Triptychon*

Ponderation (lat.), bei Statuen die ausgeglichene Verteilung des Körpergewichts auf die Beine. Sonderformen: → Kontrapost*; → Gotischer Schwung*

Portal*, künstlerisch gestalteter Eingang. Vorbild des abendländischen P.s ist der römische → Triumphbogen. Hauptteile am P.: 1. *Türsturz*; – 2. *Bogenfeld* = Tympanon; – 3. *Türpfeiler*; – 4. *Türpfosten*; – 5. *Gewände*; – 6. *Bogenlaibung*; – 7. *Giebel*; – 8. *Portalrahmung*, z. B. mit Säulen, Pfeilern, Pilastern, Figuren.

Portatile → Altar c*

Gotik, 13. Jh.

Renaissance, 16. Jh.

Spätbarock, 1750

Klassizismus, um 1800

Portikus. Wörlitz, Schloß, um 1770. Klassizismus

Priependach. M Mönch (lat. imbrex, Mz. imbrices); N Nonne (lat. tegula, Mz. tegulae)

Profilbildung durch Säulen, Nischen u. a. im Portalbereich. Langres/Frankreich, Kathedrale, 18. Jh.

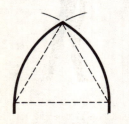

Triangulation eines gotischen Spitzbogens

Portikus*, Vorbau an der Haupteingangsseite, von Säulen oder von Pfeilern getragen, häufig mit Dreiecksgiebel. Antike, Renaissance bis Klassizismus.

Postament, Piedestal, Sockel eines Stützgliedes oder einer Statue; → Baluster*

Poterne, Ausfallpforte einer Burg. 67*

Predigerkirche, 1. Kirche der Reform- und Bettelorden; – 2. evangelischer Kirchentyp.

Predella → Altar*

Presbyterium (griech. presbyterion = Ältestenrat), Priesterraum einer Kirche beim Hauptaltar. → Bema*; → Oratorium 1

Prieche, Nonnenempore eines Frauenklosters.

Priependach*, auch Mönch-und-Nonnen-Dach, bes. in S-Europa übliche Anordnung halbrunder Dachziegel. Die unteren Ziegel heißen »Nonnen«, sind breit und liegen eng, die Fuge wird von einem schmaleren »Mönch« bedeckt. Mönch und Nonne in einem Stück gebacken ergeben die *Klosterpfanne*.

Profil*, die vor- oder zurückspringenden Teile eines Baugliedes, die im Querschnitt (z. B. Rippen-P., → Karnies*) oder im Grundriß sichtbar werden (z. B. Fenster- oder Portalrahmung mit Sockel, Säule, Pilaster, Stab, Hohlkehle).

Pronaos, Vorhalle der Cella = Naos des griech. Tempels. 9*. Gegensatz: → Opisthodomos

Proportionslehre*, Summe der Gesetze, nach denen die Verhältnisse der Teile eines Kunstwerkes untereinander als harmonisch gelten. Von relativer Bedeutung, da sich die Gültigkeit solcher Gesetze mit

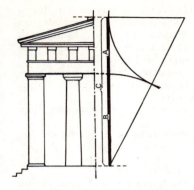

Goldener Schnitt. Konstruktion und Anwendung beim Verhältnis der Säulen zur Gesamthöhe eines griechisch-dorischen Tempels. A Minor; B Major; C Summa

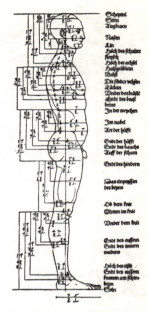

Proportionslehre. Kanon des menschlichen Körpers nach Dürer, 1528

dem Zeitgeschmack ändert. Von bes. Wichtigkeit sind: 1. der *Kanon* (griech. Richtmaß) für die Proportionen der menschlichen Gestalt. Maßeinheit ist meist der Kopf im Verhältnis zum Körper (1:7 bis 1:10). → Byzantinische Kunst*; – 2. der *Goldene Schnitt*, Teilung einer Strecke C (= Summa) in einen kleineren Teil A (= Minor) und einen größeren Teil B (= Major), so daß sich A:B = B:C verhält. Als Faustregel gelten die Werte der Laméschen Reihe: 2:3 = 3:5 = 5:8 = 8:13 usw. Er wird in der Kunst weit seltener angewendet als allg. angenommen wird; – 3. die *Quadratur*, das Quadrat als Maßeinheit. → Gebundenes System*; – 4. die *Triangulation*, Verwendung des gleichseitigen Dreiecks zur Festlegung konstruktiv wichtiger Punkte, vermutlich schon in der Gotik, sicher aber in Renaissance und Barock (z. B. »borrominische Dreiecke«); – 5. *Harmonische Proportion*, Übertragung der Saiten-

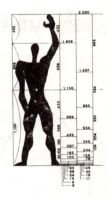

»Modulor« von Le Corbusier, 1951, auf den Körpermaßen (1,83 bzw. 1,75 m) und dem Goldenen Schnitt beruhende Maßreihen.

Propyläen. Athen, Akropolis, 436–32 v. Chr., Mnesikles

Pylonen. Corvey, Eingang zum Schloßgarten, A. 18. Jh. Barock

Quadriga. Griechisches Münzrelief

längen- und Schwingungsverhältnisse musikalischer Intervalle auf Maßverhältnisse der Architektur, z. B. Oktave = 1:2; Quinte = 2:3, Quart = 3:4 usw. In der Frührenaissance (Alberti) als Modulin für die Schönheit römischer Kunst und der Sphärenharmonie gehalten, von Palladio weiterentwickelt; – 6. *Modulor**

Propyläen*, Propylon (griech. propylaion = Vortor), Torbau vor einem abgeschlossenen griech. Tempelbezirk (Temenos). Am bekanntesten die P. der Akropolis*, der »Götterburg« von Athen.

Prostylos, (Anten-)Tempel mit Säulenvorhalle an der Frontseite. 9*

Prothesis → Pastophorien. 15*

Pseudobasilika → Kirchenbauformen*

Pseudoperipteros, → Tempel* (vor allem der röm. Antike), bei dem eine Ringhalle durch Säulen oder Halbsäulen an den Wänden der Cella ersetzt wird. Nîmes, 13*

Purismus, das enghersige Bestreben nach absoluter Stilreinheit. Richtete bes. im 19. Jh. große Schäden an, als z. B. in got. Kirchen zahlreiche kostbare Ausstattungsstücke aus späteren Stilepochen zerstört und durch Werke der → Neugotik ersetzt wurden. Heute maßvoll oder gar verpönt.

Putte, Putto → Bauplastik*

Pylon* (griech. Portal, Mz. Pylonen), 1. Tempeltoranlage mit Flankentürmen; – 2. wuchtiger Pfosten zu beiden Seiten eines Tores; – 3. Tragepfeiler oder -mast einer Hängebrücke.

Quader → Mauerwerk ID, Abb. 7–11

Quadratischer Schematismus → Gebundenes System*

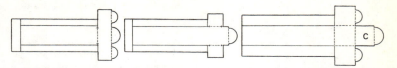

Querhaus. Abb. 1. Durchgehendes (römisches) Querhaus, unmittelbar anschließende Apsiden. Frühchristliche Basilika

Abb. 2. Zellenquerbau. Seitliche Erweiterungen des Mittelschiffs durch weitgehend isolierte Nebenräume

Abb. 3. Durchdringung von Lang- und Querhaus, Bildung einer ausgeschiedenen Vierung, eines C Chorquadrats und zweier Querhausarme

Quadratur → Proportionslehre 3
Quadriga* (lat. quadrigae = Viergespann), von vier nebeneinander gespannten Pferden gezogener, nach hinten offener Streitwagen der Griechen. In Rom als Renn- und Triumphwagen verwendet. Seit dem 4. Jh. v. Chr. (Mausoleum von Halikarnassos) als dekorative Bekrönung auf Bauwerken.
Quattrocento, Kunst des 15. Jhs. in Italien
Quergurt → Gewölbe 3, Abb. 2b, G und 2c, G
Querhaus*, Querschiff, Transept, ein- oder mehrschiffiger Bauteil, der quer zum Langhaus verläuft. 14*, 21*
Querriegel*, das gestaffelte Querhaus einiger roman. Kirchen, bes. der Auvergne. 26 f.*

Radialkapellen → Chor*
Rautenfries → Ornament*
Refektorium, Speisesaal eines → Klosters.
Régence, Stilphase des französischen Barock.
Regency, Stilphase der englischen Architektur zwischen dem Georgian und Victorian style von 1790–1830, im zeitlichen Umkreis der Regentschaft des Prince of Wales (später George IV.) von 1811–20.

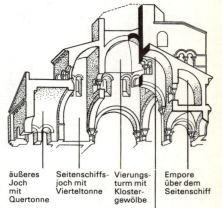

äußeres Joch mit Quertonne | Seitenschiffsjoch mit Vierteltonne | Vierungsturm mit Klostergewölbe | Empore über dem Seitenschiff

Tonnengewölbe des Mittelschiffs

Clermont-Ferrand. Notre-Dame-du-Port, beg. 1145. Schnitt durch den nördlichen Teil des Querriegels, das Mittelschiff und das Seitenschiff mit Empore. (Nach Peter Meyer.) Vgl. 26*, 27*

Reliquienschrein, um 1200. Romanik

Li: Kopfreliquiar, Bronze. Fischbeck, Stiftskirche, um 1200. – Re: Armreliquiar, E. 15. Jh.

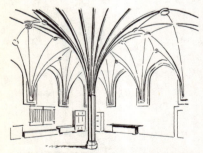

Remter, Speisesaal im Deutschordensritter-Kloster Marienburg, beg. 1280. Gotik

Regula, Mz. Regulae, Teil des dor. Gebälks. 10*
Relief → Bauplastik*
Reliquiar* (lat. reliquia = Rest), Behälter, in dem Überreste des Leichnams eines Heiligen oder von Gegenständen aus seinem Leben bzw. Martyrium aufbewahrt werden. Hauptform ist der *Reliquienschrein*, dessen klar gegliederte Felder oft mit Gold- oder Silberfiguren, Email und Edelsteinen reich geschmückt sind (bes. 12.–15. Jh.). Figurierte R.e sind das Büsten-, Kopf-, Fuß-, Arm-, Handreliquiar, jeweils der Form des Körperteils nachgebildet, von dem der Inhalt stammt. Auch in Form einer Tasche (Burse) oder Kuppelkirche (Kuppel-R.). *Staurothek* (griech. Kreuzbehälter) nennt man den Behälter einer Relique vom Kreuze Christi.
Remter*, Speisesaal eines Klosters der Deutschordensritter.
Retabel, Altaraufsatz
Rhythmische Travée → Gewölbe 3
Riegel → Fachwerk*
Riese, Ryse, Helm der → Fiale*
Rippe → Gewölbe 3*
Risalit*, in seiner ganzen Höhe einschl. Dach aus der Bauflucht (→ Flucht) vorspringender Gebäudeteil. Nach der Stellung zur Mittelachse Mittel-, Seiten-, Eckrisalit. Bes. in Renaissance und Barock (→ Pavillon 2) als Fassadengliederung beliebt.
Rocaille, muschelartiges unsymmetrisches Ornament des Spätbarock. 51*
Rokoko*, letzte Stilphase des Barock. In Frankreich Zeit des → Louis-quinze*. Name von Rocaille = Muschelwerk, einem bevorzugten Ornament dieser Zeit.

Häufig vereinfachte Gliederung des Grundrisses: Saalkirche, zweischalige Ellipse (Steinhausen, 55*), aber auch komplizierte Raumdurchdringungen (Vierzehnheiligen, 56*). Jedoch vorwiegend Innenraum-Dekorationsstil, dessen Hauptmerkmal die Unsymmetrie der Einzelform ist (→ Optische Ergänzung*).

Risalit. E Eckrisalit; M Mittelrisalit mit → Frontispiz

Die schwere Großartigkeit des Barock wird in zierlich beschwingte Kleinteiligkeit aus zartem naturalistischen Rankenwerk in Stuck und Holz (→ Boiserie auf → Paneelen) gewandelt. Stuck in zarten Pastellfarben, Gold und Silber und Freskomalerei gehen ineinander über (Birnau, 55*; Bruchsal, 77*); Ecken und Verkröpfungen werden abgerundet (51*). Kleinformatige Pastellbilder, Porzellanfiguren* und Putten ersetzen barocke Monumentalgemälde und Großplastik. Schäferspiel und Komische Oper verdrängen die pathetischen Bühnenwerke des Barock. 49; 54 ff.*, 65.

Rokoko. Nymphenburger Porzellanfigur, um 1755

Roland*, Rolandsäule, vom 14. bis 18. Jh. etwa zwischen Weser und Prag, südlich bis Dubrovnik verbreitete Bildsäule aus Holz oder Stein auf dem städtischen Hauptplatz. Stellt einen Ritter, im Barock einen röm. Krieger mit aufrecht gehaltenem Schwert dar. Vermutlich Symbol der städtischen Gerechtsame.

Rollenfries → Ornament*
Rollwerk → Beschlagwerk. 43*
Romantik, die geistige Haltung in den germanischen Ländern in der 1. Hälfte des 19. Jhs., die dem rational gerichteten Klassizismus eine oft schwärmerische Natur- und Gefühlsbetonung entgegensetzt. Sie bringt keinen eigenen umfas-

Roland. Halberstadt, Rathaus, 14. Jh. Gotik

Rosette unter einer Gesimsplatte

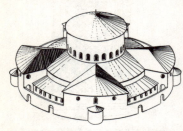
Rotunde. Rom, San Stefano Rotondo, 470 geweiht.

Rundbogenstil. Sakrow bei Potsdam, Heilandskirche, 1841-44, L. Persius

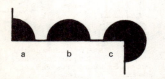
Rundstab. a Viertelstab; b Halbrundstab; c Dreiviertelstab

senden Kunststil zustande. Ihre Begeisterung für die Geschichte versucht ohne Glück, vergangene Architektur-Stile neu zu belegen (Historismus, 61*)
Römische Ordnung, Säulenordnung(en) der röm. Antike. 13*
Rosette*, stilisiertes Blüten-→Ornament* in Fries oder Kassette.
Rotunde* (lat. rund), Zentralbau mit kreisförmigem Grundriß, z.B. Rundkirche, auch als Teil eines größeren Bauwerks, z.B. als → Chorscheitelrotunde.
Rundbogenfries → Ornament*
Rundbogenstil*, Erscheinungsform des deutschen Historismus (61*) mit byzantinischen Bauformen und Elementen der ital. Romanik und Renaissance.
Rundkirche → Rotunde*
Rundstab*, schlanker zylindrischer Bauteil, dessen Querschnitt einen Viertel-, Halb- oder Dreiviertelkreis *(Viertel-, Halbrund-, Dreiviertelstab)* bildet.
Rustika (lat. rusticus = bäurisch), → Mauerwerk IDd-f, Abb. 9-11
Rüstlöcher, im Mauerwerk ausgesparte viereckige Löcher für die Befestigung der Hölzer eines Baugerüsts.

Saalkirche, einschiffige Kirche. → Kirchenbauformen*
Sägezahnfries → Ornament*
Sakramentshaus*, steinernes Gehäuse zur Aufbewahrung der geweihten Hostie, meist auf der → Evangelienseite neben dem Altar. Vergitterte Nische oder – in der Gotik – freistehendes zierliches Gebäude auf einem Sockel, mit reichem Gesprenge, bis 28 m hoch (Ulm). Das Tridentinum, 1545-63,

ordnet die Unterbringung der Hostie im → Tabernakel auf dem Altar an und macht das S. überflüssig. Das 2. Vaticanum, 1962–65, läßt seinen Gebrauch wieder zu.

Sakristei, Raum zur Aufbewahrung der liturgischen Geräte und Gewänder, zugleich Ankleideraum für Geistliche und Ministranten, mit Zugang zum Chor; hervorgegangen aus den → Pastophorien.

Sala terrena, Gartensaal eines Schlosses. 75*

Sarkophag → Grabmal 3*

Säule*, stützendes Bauglied mit rundem, polygonalem oder profiliertem (Schaft-)Querschnitt. Ursprünglich trägt die S. ein → Gebälk, seit röm. Zeit auch Mauern über Bögen und wird auch dekorativ ohne tragende Funktion angebracht. Sie kann frei stehen oder als Wand-S. bzw. Pfeilervorlage nur teilweise hervortreten (Viertel-, Halb-, Dreiviertelsäule). Bei großer Höhe, aber kleinem Querschnitt heißt sie → Dienst.

Hauptbestandteile sind Basis (Fuß), Schaft und Kapitell, zwingend notwendig ist nur der Schaft. Er kann sich nach oben oder nach unten verjüngen, eine → Entasis haben oder gleichbleibend dick sein. Auf seine Formen oder Gruppierungen beziehen sich die meisten S.-Namen:

1 Monolithische S., aus einem Stück
2 Trommel-S., aus trommelförmigen Teilen
3 Kretische S., nach unten verjüngt
4 Kannelierte S., mit senkrechten Hohlkehlen (→ Kannelierung*)
5 Gewirtelte S., mit einem oder mehreren Schaftringen*

Sakramentshaus als Wandnische, 14. Jh. Gotik

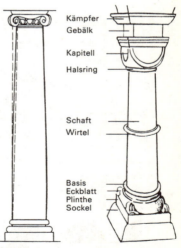

Säule. Li: Entasis. Die äußere gestrichelte Linie gibt die Richtung der Schwellung, die innere die Gerade zwischen Fuß und Hals der Säule an.
Re: Bestandteile einer gewirtelten romanischen Säule

Li: Knoten-Säule. –
Mi: Schlangen-Säule. –
Re: Bestien-Säule. Romanik

Gewundene Säule. Barock.

6 Gewundene S., spiralig gekrümmt*
7 Knoten-S.*
8 Schlangen-S.*
9 Bestien-S.*
10 Kandelaber-S. (und andere S. der Renaissance:) 43*
11 Gekuppelte S.n → Gekuppelt*
12 Bündelsäule, oft fälschlich für Bündel- → Pfeiler*, rundständig gruppierte Säulenbündel (Salisbury, 35*)

Säulenordnungen: dorisch, ionisch, korinth.: 10*; römisch: 13*.
Rundpfeiler → Pfeiler*
Scamillus*, 1. Einschnitt unterhalb des Säulenhalses. 10*; – 2. keilförmiges Ausgleichselement zwischen dem leichten Gefälle des Stylobats und der waagerechten Standfläche der Säule.
Schachbrettfries → Ornament*
Schaftring, Wirtel → Säule*
Scheibenfries → Ornament*
Scheidbogen → Basilika*
Scheidmauer → Basilika*
Scheinarchitektur, durch Malerei oder Relief vorgetäuschte Architekturteile an Wänden oder Decken, die den Innenraum meist illusionistisch erweitern.
Scheitelkapelle → Lady Chapel; → Chorscheitelrotunde
Schichtenwechsel, Wechsel von verschiedenfarbigen Steinschichten (Hildesheim, 21*; Siena, 35*) oder von Mauerschichten aus unregelmäßigen und regelmäßigen Steinen (→ Mauerwerk IVd, Abb. 17 und 18).
Schildbogen, der Bogen, der bei der Verschneidung von Gewölbe- und Wandfläche entsteht, begrenzt das → Joch seitlich und ist häufig durch einen Gurt (Längsgurt) oder eine Schildrippe markiert.

199

Schildhalter → Wappen*
Schildmauer, Stirnmauer; 1. Mauer unter dem → Schildbogen; → Gewölbe Abb. 2b; – 2. verstärkte Mauer einer Burg. 67*
Schleierwerk → Maßwerk*
Schlußstein*, 1. der im Scheitel eines Bogens oder Knotenpunkts von Rippen sitzende Stein, auch als *Knauf* ausgebildet; – 2. *Abhängling**, Hängeknauf, spätgotische Form des S.s: herabhängender Knauf.
Schmerzensmann → Erbärmdebild, → Martersäule*
Schmiedekunst, kunsthandwerkliche Verarbeitung von Eisen, aus Mittelalter und Renaissance bes. als Tür- und Truhenbeschläge, Standleuchter, Kaminböcke, Laternen, Gitter erhalten. Hauptleistungen der sakralen S. sind die barokken Chorgitter (Doxale → Chor) des 17. und 18. Jhs.
Schmiege → Fase*
Schnabelkopf → Ornament*
Schneuß, Fischblase, Element des got. → Maßwerks, einer Fischblase ähnlich (seit 14. Jh.) oder flammenartig gelängt (→ Flamboyant, 33*).
Schriftband → Banderole*
Schuppenfries → Ornament*
Schweifwerk → Beschlagwerk*
Schwelle → Fachwerk*
Schwibbogen, 1. der got. Strebebogen (→ Strebewerk*); – 2. großer Stützbogen zwischen zwei Gebäuden oder Innenmauern.
Sechspaß → Maßwerk*
Seicento, Kunst des 17. Jhs. in Italien.
Seitenschiff → Basilika*
Seraph → Engel 4*
Sgraffito* (ital. sgraffiare = kratzen), Kratzputz, wetterbeständige Wandmalerei, bei der verschie-

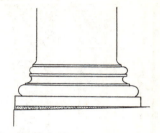
Scamillus als keilförmiges Ausgleichselement zwischen Stylobat und Plinthe. –

Schlußstein mit Ansatzstücken für die Gewölberippen. Gotik

Schlußstein als Knauf. Hildesheim, St. Michael, Kreuzgang, um 1250. Übergangsstil

Abhängling in einem Fächergewölbe. Westminster, Kapelle Heinrichs VII., 1503–19. Tudor-Stil.

Sgraffito. M Mauerwerk; P drei farbige Putzschichten

Sopraporte. Versailles, Petit Trianon, 1762–68, J.-A. Gabriel.

denfarbige, übereinander liegende Edelputzschichten so tief herausgekratzt werden, bis die gewünschte Farbe sichtbar wird. In der ital. Renaissance wird schwarzer, grauer oder roter Putz weiß übertüncht, die Zeichnung aus der frischen Tünche herausgekratzt.

Sima, Traufgesims am antiken Gebälk. 10*.

Sims → Gesims*

Skelettbau, Bauweise aus einem Gerippe von Holz (→ Fachwerk*), Stein (z. B. → Strebewerk*), Stahl oder Stahlbeton über einem Rastersystem. Das Skelett übernimmt alle Tragefunktionen, seine Form wird deshalb von den statischen Kräften bestimmt. Es kann – wie das got. Strebewerk – außen sichtbar bleiben oder durch eine selbsttragende bzw. eine Vorhang-Fassade verdeckt werden. Der S. bezweckt u. a. ökonomischen Materialeinsatz durch weitestgehende rationelle Ausnutzung der statischen Gesetze.

Sockel (lat. socculus = kleiner Schuh), 1. unterer Mauerteil, oft durch ein Sockelgesims (→ Gesims 1*) abgesetzt; – 2. Unterbau von → Säule*, → Pfeiler, Skulptur.

Sohlbank → Fenster I, 3*

Söller → Balkon*

Sondergotik, deutsche, bezeichnet bes. die Spätphase der deutschen Gotik, in der sie sich von der französischen unabhängig gemacht hat (15. und Anfang 16. Jh.), aber auch die Eigenart der deutschen Backsteingotik (→ Backsteinbau*).

Sopraporte* (ital. über der Tür), auch Supraporte, das gerahmte Feld über einer Tür im vornehmen Wohnraum des Barock und Rokoko. Oft bemalt.

Spandrille → Zwickel*
Spindeltreppe → Wendeltreppe;
→ Turm 2*
Spitzzahnfries → Ornament*
Spolie, wiederverwendetes Bauteil aus einem älteren Gebäude, z. B. Säulen, Kapitelle, Friese, Architravsteine; bes. in frühchristlicher Zeit übliches Verfahren. Aachen, 18*: Säulen der Pfalzkapelle stammen aus Ravenna.
Stabkirche*, norweg. Holzkirchentyp der Romanik und Frühgotik, im Unterschied zum Blockhausbau aus senkrechten, mastenähnlichen Pfosten und Planken (Mastenkirche) mit gestaffeltem Dach. Einflüsse aus NW-europ. Holzbautradition und roman., später got. Steinkirchenbau (Saalkirche, Basilika).
Stabwerk → Fenster I, 6
Staffelbasilika → Staffelung 3;
→ Kirchenbauformen*
Staffelchor → Staffelung 1;
→ Chor*
Staffelgiebel → Staffelung 2;
→ Giebel*
Staffelhalle → Staffelung 3;
→ Kirchenbauformen*
Staffelung, abgetreppte Anordnung von Baukörpern und Bauelementen. Sie wird sichtbar
1. im Grundriß, z. B. beim Staffelchor (→ Chor*)
2. im Aufriß, z. B. beim Staffelgiebel (→ Giebel*)
3. im Gebäudequerschnitt, z. B. der
- Basilika (→ Kirchenbauformen*)
- Staffelhalle (→ Kirchenbauformen*)
- Pseudobasilika = Hallenkirche mit ausgebildeten, aber unbelichteten Hochschiffwänden, basilikalem oder Einheitsdach (→ Kirchenbauformen*)

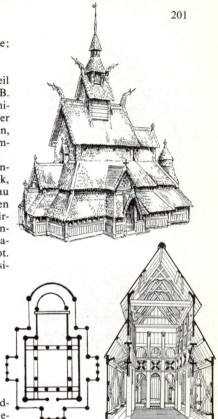

Norwegische Stabkirche. Großer, entwickelter Typ: Mittelschiff mit Umgang, basilikale Staffelung; Grundrahmen; Stabilisierung zwischen den Masten durch Andreaskreuze und Bogenscheiben, gegen die Außenwände durch Bogenscheiben. Äußerer Laubengang, Wimperge, Dachreiter, Turm, Apsistürmchen stammen aus gotischem Geist. – Borgund, 12. Jh.

Steinmetzzeichen. Gotik

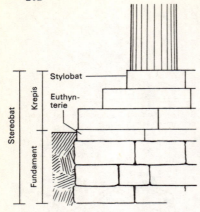

Stereobat eines griechisch-dorischen Tempels

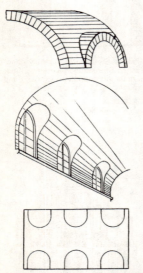

Stichkappe = quer zur Hauptachse des (hier: Tonnen-)Gewölbes verlaufendes Gewölbe, besonders wenn Fenster in das Hauptgewölbe hineinreichen.

- Staffelbasilika mit mindestens 5 Schiffen, deren Deckenhöhen zum Mittelschiff hin ansteigen (→ Kirchenbauformen*)
4. im Querschnitt von Bauteilen, z. B.
- → Archivolte*; → Arkade*
- Gurt, Rippe (→ Gewölbe*)

Stalle, Einzelsitz des → Chorgestühls*

Standbein → Kontrapost*

Standbild, Statue. → Bauplastik

Ständer → Fachwerk*

Stapelfassade, Fassade mit übermäßiger Häufung unterschiedlicher Dekorationselemente, vor allem des Manierismus und bürgerlichen Barock. Brüssel, 85*

Staurothek → Reliquiar

Steinguß → Bildhauerkunst II

Steinmetzzeichen*, vom 12. bis 18. Jh. bes. in den → Bauhütten übliche Marke, mit der die Steinmetzen die von ihnen behauenen Steine als ihre persönliche Arbeit kennzeichnen.

Steinplastik → Bildhauerkunst II*

Stele (griech. Säule), Inschriftentafel, Grabdenkmal (mit dem Bild des Toten) oder Weihegeschenk in Form einer aufrecht stehenden Steinplatte. Antike.

Stereobat*, Stereobates, Fundament und Stufenunterbau (Krepis) des griech. Tempels.

Stichkappe* → Gewölbe 1

Stifterbild, meist als → Adorant dargestelltes Bildnis des Stifters (lat. Donator = Geber) eines kirchlichen Bauwerks oder Ausstattungsstückes, als Skulptur oft mit dem Modell der gestifteten Kirche, auf den Seitenflügeln gotischer Flügelaltäre häufig mit den persönlichen Schutzpatronen dargestellt. → Epitaph*

Stift, geistliche oder private Anstalt mit allen zugehörigen Personen, Gebäuden, Liegenschaften und eigenem Rechtsstatus. – 1. Ursprünglich Kloster; – 2. Domkapitel mit Weltgeistlichen (Dom-, Chor- und Stiftsherren) und nichtbischöfliche Kollegien unter mönchischer, oft augustinischer Verfassung; – 3. freies St. zur Versorgung von (meist) adligen Männern und Frauen mit oder ohne Gelübde und ohne Priestertum; – 4. stiftische Privatschule mit kirchlicher Intention.

Stiftskirche, Kirche eines →Stifts.

Stirnziegel*, Antefix, Tonplatte als Verkleidung des Traufgesimses am antiken Tempel. 10*

Stoa, griech.-hellenistische Säulenhalle, ein- bis zweigeschossig, mit geschlossener Rückwand.

Strebe → Fachwerk*

Strebewerk*, Skelettbauweise, die bes. für den got. Sakralbau typisch ist.

1. Inneres St.: *Gewölberippen* sind zwischen den *Diensten* von *Pfeilern* verspannt, in die die Last des Gewölbes abfließt. Tragende Mauern sind entbehrlich.
2. Äußeres St.: *Strebepfeiler* steigen bei Saal- und Hallenkirche direkt an den Außenmauern empor (Marburg, 34*), bei Basiliken stehen sie als Kranz in der Richtung der Seitenschiffwände, die sie überragen und über deren Dächer hinweg sie durch *Strebebögen* (Schwibbögen) mit dem Hochschiff an solchen Stellen verbunden sind, die in der Flucht der Quergurte liegen und statisch besonders zu sichern sind. Durch die Auflast der → Fialen zusätzlich beschwert,

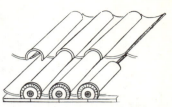
Stirnziegel an der Traufleiste (Sima) auf einem griechischen Tempel

Zweifaches Strebewerk mit doppelten und dreifachen Strebebögen. Le Mans, Chor der Kathedrale mit doppeltem Umgang und Kapellenkranz. A. 13. Jh., Hochgotik.

Strebewerk des Chors. Marienstatt/Hessen, Zisterzienserkloster, um 1300.

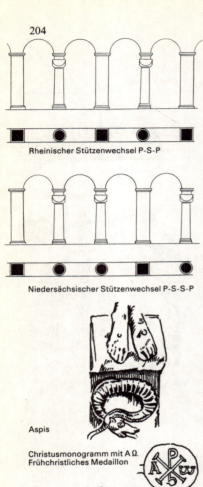

Rheinischer Stützenwechsel P-S-P

Niedersächsischer Stützenwechsel P-S-S-P

Aspis

Christusmonogramm mit A Ω. Frühchristliches Medaillon

Einhorn

kompensiert ihr Gewicht den Seitenschub von Dach und Gewölbe. 33*

Stuck → Bildhauerkunst IV

Sturz, oberer waagerechter Abschlußbalken einer Tür (→ Portal*), eines → Fensters*, → Kamins, Schulterbogens (Sturzbogen) → Bogen*

Stützenwechsel*, Wechsel von → Pfeiler (P) und → Säule (S), entweder in der Abfolge P-S-P oder P-S-S-P. 20f.*

Stylobat, -es, oberste Stufe des → Stereobats* (Unterbau des antiken Tempels). Auf ihm stehen die Säulen. 11*

Suppedaneum, Fußstütze am Kreuz. → Kreuz 19*

Supraporte → Sopraporte*

Symbole*, christliche, Sinnbilder, die nicht wie die → Allegorien Abstraktes personifizieren, sondern dessen tieferen Sinn andeuten wollen. Sie sind meist ohne erkennbaren Zusammenhang mit dem Gemeinten und deshalb nur Eingeweihten verständlich. Bei mangelnder Überlieferung geht darum ihre Bedeutung verloren. Wichtige christliche Symbole sind:

1. *Agnus Dei* (lat. Lamm Gottes) für den Opfertod Christi, → Attribut*
2. *Aspis** (lat. Natter; unter den Füßen Christi) für die Sünde nach Psalm 90,13;
3. *A Ω* (Alpha und Omega, erster und letzter Buchstabe des griech. Alphabets) für die Unendlichkeit Gottes;
4. *Christusmonogramm**; → Kreuz 10;
5. *Dreieck mit Auge** für → Dreifaltigkeit*;
6. *Einhorn** für Keuschheit, Jungfräulichkeit Marias;

205

7. *Fisch** für Christus;
8. *Kreuz** für den Opfertod Christi;
9. *Kreuz, Herz, Anker** für Glaube, Liebe, Hoffnung;
10. *Pelikan** (nährt nach der Sage seine Jungen mit dem Fleisch seiner Brust) für die aufopfernde Liebe;
11. *Pfau** (nach der Sage unverweslich) für Auferstehung des Fleisches
12. *Phönix** (verbrennt und ersteht neu aus seiner Asche) für Tod und Auferstehung Christi;
13. → *Teufel**;
14. *Tierkreiszeichen als Monatsbilder**, oft zusammen mit ländlichen Arbeiten des betreffenden Monats;
15. → *Typologie**;
16. → *Evangelisten**.

Synagoge* (zu griech. synagōgē = Versammlung),
1. der hebr. Name »Bet ha-Knesset« bedeutet ursprünglich Versammlungs-, Schulhaus, erst später wird die S. vorwiegend Bet- und Kulthaus. Auch moderne Bauten schließen wieder Klub- und Versammlungsräume ein. Die S. adaptiert in der Regel zeitgenössische Stilformen.
2. Allegorie der Synagoge → Ecclesia und Synagoge*.

Syrischer Architrav*, dreiteiliger Architrav, dessen Mittelteil zu einer Archivolte aufgebogen ist. Vgl. → Palladio-Motiv*

Tabernakel (lat. tabernaculum = Hütte, Zelt), 1. → Ciborium 1; – 2. Schrein auf dem Altartisch zur Aufbewahrung der Hostien. → Altar*; – 3. das aus Säulen und Spitzdach bestehende Ziergehäuse

Dreieck mit Auge

Fisch

Kreuz, Herz, Anker

Pelikan Pfau

Phönix

Tierkreiszeichen. Skorpion und November

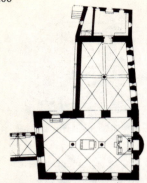

Synagoge. Worms, Kernbau romanisch. V. o. n. u.: Vorhalle, Frauenschule, Männerschule

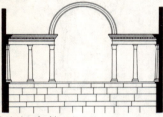

Syrischer Architrav

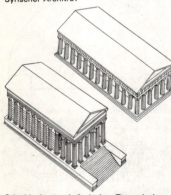

Griechisches und römisches Tempelschema im Vergleich. O: Griechischer → Peripteros auf 3stufigem Stylobat. Athen, Hephaisteion, 5. Jh. v. Chr. – U: Römischer → Pseudoperipteros auf Sockel mit frontseitiger Freitreppe zwischen Mauerflanken. Nîmes, Maison Carrée, A. 2. Jh. n. Chr.

(→ Fiale) auf dem gotischen Strebepfeiler.
Taenia (griech.-lat. Kopfbinde), Leiste am Architrav der dorischen Ordnung. 10*
Täfelwerk, auch Täfelung, Getäfel, Holzverkleidung von Decken und Wänden, bes. im N-Europa des 15. bis 18. Jhs., oft mit reichem Schnitzwerk. → Boiserie; → Kassette*
Tambour → Kuppel*
Taufkirche → Baptisterium*
Taufries → Ornament*
Taufstein*, Taufbecken (in N-Deutschland: Fünte), seit 11. Jh. Stein-, Bronze- oder Holzbecken mit Taufwasser, welches das frühchristliche → Baptisterium* ablöst. Oft mit biblischen und apotropäischen Themen verziert, die mit Taufe und Wasser zusammenhängen, z.B. Taufe Christi, → Paradiesesflüsse*.
Tauschierung → Inkrustation
Tektonik (griech. tektonikē = Baukunst), die Lehre von der Zusammenfügung starrer Bauteile = Baukonstruktionslehre.
Tempel*, 8 ff.*
Tepidarium (lat. tepidus = lauwarm), Warmluftraum, darin Bassin mit lauwarmem Wasser. → Thermen*
Tetrakonchos, Vierkonchen-, Vierapsidenanlage. Todi, 44*
Tetramorph → Evangelisten*
Teufel*, die von Gott abgefallenen Engel (Off. 12,7) und ihr Anführer Luzifer (= Lichtträger; Jesaias 14,12). Ihre symbolischen und allegorischen Darstellungen sind i.a.: *tierisch:* Schlange, Aspis, Basilisk, Drache, Löwe (seit urchristlicher Zeit); *menschlich:* dunkler Engel (seit dem frühen Mittelalter),

schöne Verführerin; *fratzenhaft:* spitzohrig, gehörnt, mit Bocksfüßen und Schwanz, Fledermausflügeln und Fell, schwarz, rot oder grün, bewaffnet mit Dreizack oder Haken. Seit 12. Jh., von Frankreich ausgehend, häufiges Motiv der Hüttenplastik. (→ Bauplastik)

Theater, antikes*.

1. Das *griechische* T.* ist klar in 3 Teile gegliedert: den halbrunden Zuschauerraum (Theatron, lat. Cavea) mit ansteigenden, meist an einen Berghang angelehnten Sitzreihen; die kreisrunde, später halbrunde Orchestra, die als Tanzplatz und für den Chor der Tragödie diente und in der der Dionysos-Altar stand; die Skene = Bühnenbau.

2. Das *römische* T.* entspricht etwa dem griechischen, steht aber oft frei (Marcellus-Th.*) und hat halbrunde Orchestra.

Taufstein. Freckenhorst, 1129, Romanik.

Teufel. Autun, Kapitellplastik der Kathedrale, 12. Jh. Romanik

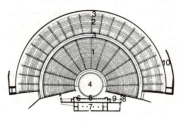

Epidauros, 3. Jh. v. Chr. griechisches Theater.
1, 2 Cavea;
3 Gürtelring (Diazoma) und Treppen;
4 Spielrund (Orchestra);
5 ionische Säulenhalle (Proskenion);
6 seitliche Risalite (Paraskenien);
7 Szenengebäude mit Türen;
8 Eingang (Parodos);
9 Rampe zum Dach der Säulenhalle;
10 Stützmauer

Römisches Theater mit halbrunder Orchestra für Ehrenplätze, nicht als Spielfläche. Schema nach Vitruv.

Rom, Marcellus-Theater, 13 v. Chr., Rekonstruktion. Freistehende Anlage, Sitzstufen durch Treppen und Umgänge unterbaut

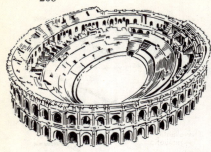

Nîmes/Südfrankreich, römisches Amphitheater, 2. Jh. Heutiger Zustand

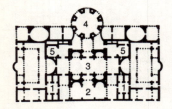

Rom, Caracalla-Thermen, um 200

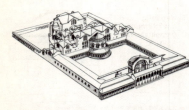

Trier, Kaiserthermen, nach 293 von Kaiser Constantius begonnen

Transennen. Römische Antike

3. Das elliptische *Amphitheater** soll aus 2 zusammengeschobenen Holztheatern entstanden sein. Um die Arena in der Mitte steigen die Sitzplätze stufenförmig an.

Theatron → Theater*

Thermen*, römische, oft monumentale Badanlage, → hypokaustisch durch hohle Wände oder Hohlziegel im Fußboden zentral beheizt. Wichtigste Räume: 1. Apodyterium = Umkleideraum; 2. Frigidarium = kaltes Bad; 3. Tepidarium = Warmluftraum; 4. Caldarium = Heißluftraum mit Warmwasserbecken; 5. Laconicum oder Sudatorium = Dampfschwitzbad.

Tholos, Rundtempel mit Säulenkranz und Cella. 9*; 11*

Tierceron → Gewölbe 4, Abb. 5c

Tierfries → Ornament*

Tierkreiszeichen → Symbole 14*

Tonsur (lat. Schur), Brunnenkapelle, oft an der Westseite des Kreuzgangs eines → Klosters*, gegenüber dem Refektorium. Hier wurde bei der Klerikerweihe die »Tonsur« erteilt, d.h. Haupt- und Barthaar geschoren.

Torso (ital. Strunk, Rumpf, Mz. Torsi), unvollendete oder unvollständig erhaltene Statue.

Torus, Wulst der → Attischen Basis*.

Tragstein → Konsole*

Transenna*, Mz. Transennen, Fensterabschluß aus durchbrochenem Holz oder Stein. Auch aus dünn geschliffenem Marmor oder Alabaster.

Transept → Querhaus*

Traufgesims → Sima. 10*

Travée → Gewölbe 3, Abb. 2c

Trecento, Kunst des 14. Jhs. in Italien.

Treppe*. *Treppenlauf* = ununterbrochene Stufenfolge zwischen (unterster) Antrittsstufe und (oberster) Austrittsstufe;
Treppenarm = Treppenlauf, der in eine andere Richtung als ein zweiter Treppenlauf führt (gebrochene T.), mit diesem aber einen gemeinsamen
Treppenabsatz = Podest hat. Jeder Arm kann wieder mehrere Läufe und Richtungen haben. Zwei- oder mehrarmig heißt eine Treppenanlage, die a) nicht mit demselben Treppenlauf beginnt oder endet oder b) von einem gemeinsamen Podest aus sich in 2 Läufe teilt, die in unterschiedliche, z. B. entgegengesetzte Richtungen führen;
Treppenwangen begrenzen den Treppenlauf seitlich (Wand- und Lichtwange).
Wendeltreppe → Turm 2*. → Freitreppe*
Triangulation → Proportionslehre*
Tribuna, halbrunder Abschluß an der Schmalseite einer röm. Gerichts- oder Marktbasilika. → Basilika (Aspendos*); → Apsis
Triforium (lat. dreifach geöffnet), seit dem 11. Jh. in der normann.-engl. Baukunst emporenähnliche Öffnung (Peterborough, 29*), bes. aber in der Gotik kastenförmiger Laufgang innerhalb der Mauerstärke (im Ggs. zur → Empore) unter den Fenstern des Mittelschiffs, → Chors und Querschiffs, oft in dreifacher Bogenstellung geöffnet (Amiens, 33*). Weniger von praktischer als von flächengliedernder Bedeutung, gelegentlich in der Außenmauer in der Form der Bogenöffnungen hinterfenstert. Das *Blendtriforium* besteht aus Blendarkaden ohne Gang. → Arkade.

Treppe
1. einläufig

2. zweiläufig

3. zweiläufig-gegenläufig

4. dreiläufig mit 2 Armen; gemeinsamer Antritt

5. vierläufig mit 2 Armen; gemeinsamer Austritt

6. sechsläufig mit 2 Armen; gemeinsamer An- und Austritt

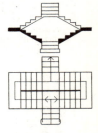

7 dreiläufig mit 2 Armen; gemeinsamer Antritt, sog. »Kaisertreppe« (Nach Hans Koepf)

Triptychon. Russisches Klappaltärchen

Rom, Konstantinsbogen zur Erinnerung an den Sieg über Maxentius an der Milvischen Brücke, 312 n. Chr. Dreitorig; Reliefs z.T. von einem älteren Trajansbogen.

Trompenkuppel. Schnitt

Triglyph, -e (griech. Dreischlitz), Bauglied am dorischen Gebälk mit 2 mittleren und 2 »halben« seitlichen Einkerbungen (Glyphen) und Deckplatte (lat. capitula = Kapitellchen). 10*
Trikonchos, Dreikonchenanlage → Chor*
Trinität → Dreifaltigkeit*; → Gnadenstuhl*
Triptychon* (griech.), Bild aus drei miteinander verbundenen Teilen, insbes. der mittelalterliche Flügel- → altar* mit feststehendem Mittelteil und beweglichen Flügeln. → Polyptychon*
Triumphbogen*, 1. röm. Ehrenbogen, Denkmal für den Triumphzug eines siegreichen Feldherrn, zugleich Votiv-Mal für die siegspendenden Götter. Seine ein- bis dreitorige Anlage wurde bes. für die mittelalterlichen Kirchenfassaden vorbildlich. Seit der Renaissance bis ins 19. Jh. immer wieder nach röm. Muster gebaut. 86*.
2. der Bogen, der das Mittelschiff einer mittelalterlichen Kirche vom Querschiff oder Chor trennt. Er wird manchmal durch ein Triumphkreuz betont, das im Bogenscheitel hängt oder auf einem Triumphbalken steht, der zwischen die Bogenkämpfer gespannt ist. Dem Kruzifix sind oft Maria (auf der Nordseite) und Johannes (auf der Südseite) beigestellt.
Trochilus, Hohlkehle der → Attischen Basis*
Trompe* → Kuppel*
Trophäen*, verschiedene Kriegs- oder Jagdwaffen, die in Nachahmung griechischer Siegesdenkmäler (Tropaion) dekorativ um einen Brustpanzer, Helm oder Schild angeordnet sind.

Tudor style, letzte Phase der englischen Gotik, 1485–1550. Cambridge, 39*

Tugenden und Laster*, Allegorien vor allem der 3 theologischen (Glaube = Fides; Liebe = Caritas; Hoffnung = Spes) und 4 Kardinal-Tugenden (Klugheit = Prudentia; Mäßigkeit = Temperantia; Tapferkeit oder Stärke = Fortitudo; Gerechtigkeit = Justitia) in Form weiblicher Gestalten mit entsprechenden → Attributen. Ihnen stehen oft die Laster (Frauen- und Männergestalten) mit entsprechenden Handlungen aus dem Leben gegenüber. Bes. an mittelalterlichen frz. Kirchenportalen.

Tumba → Grabmal*

Tumulus*, Grabhügel mit kreisförmigem Grundriß, bes. in der mykenischen, pergamenischen, etruskischen, römischen Kultur.

Turm*. Wichtige Formen sind:
1. *Kirchturm,* im Frühchristentum oft als frei neben der Kirche stehender, nicht sehr hoher *Campanile* (ital. Campana = Glocke, 15*; → Basilika*). Im 5. Jh. erste Fassadentürme in Syrien; in Nordeuropa Westturm seit dem 9. Jh. Die französische und deutsche Romanik zieht Vieltürmigkeit vor, die Gotik reduziert die Anzahl. Die Fassadentürme in Renaissance und Barock greifen bei durchaus eigener Dekoration doch oft auf got. Turmvorstellungen zurück.
2. *Treppenturm*,* auch Wendelstein, T. mit → Wendeltreppe, in der Romanik auch mit stufenlosem Lauf (»Eselsturm«). Flankiert den Außenbau romanischer und gotischer Kirchen oft in symmetrisch-paariger Anordnung (Flankentürme; Hildesheim, 21*).

Trophäen

Tugenden und Laster. Li: Demut mit der Taube. – Re: Hochmut stürzt vom hohen Roß. Paris, Notre-Dame, W-Portal, 13. Jh.

Tumulus. Rom, Augustus-Mausoleum, beg. 28 v. Chr. Zylindrisch gemauert aus konzentrisch gestaffelten Mauern unter einem kegelförmigen Erdhügel.

Li: Treppenturm im Innenhof eines Renaissance-Schlosses. – Re: Wendeltreppe mit Spindel.

3. *Wehrturm* in einer Burg- oder Stadtmauer (67*); der befestigte Turm einer → Wehrkiche*.
4. *Wohnturm* einer Burg (Bergfried, Belfried, Donjon; 66 ff.*); städtischer Wohnturm = Geschlechterturm*, z. B. der toskanischen Adelsfamilien.
5. Der *Repräsentationsturm* findet sich bes. an Rathäusern und als Brückentorturm mittelalterlicher und Renaissance-Städte, oft als Waffenkammer benutzt.

Türpfeiler → Portal 3*

Tympanon, 1. Giebelfeld des antiken Tempels; – 2. Bogenfeld am romanischen und gotischen → Portal*. → Evangelisten*

Typologie* (griech. Vorbild, Beispiel), Lehre von der Übereinstimmung des Alten und Neuen Testaments (»Concordia veteris et novi testamenti«). Danach sind die Ereignisse des Alten Testaments prophetische Hinweise auf das Neue Testament. Die bildende Kunst stellt daher z. B. gern die 12 Propheten den 12 Aposteln, Elias im feurigen Wagen der Himmelfahrt Christi gegenüber.

Brückentorturm. Prag, 1390. Gotik

Li: Rathausturm. Brüssel, 1449, Gotik. – Re: Geschlechtertürme. San Gimignano/Toskana, 13./14. Jh.

Typologie. Abrahams Opfer (li) und Moses mit der ehernen Schlange (re) als prophetische Hinweise auf den Opfertod Christi (Mitte). Biblia pauperum, Holzschnitt, 1477, H. Sporer

Unechtes Gewölbe*, aus vorkragenden Steinschichten errichtetes Gewölbe.
Utlucht → Auslucht*

Verdachung, → Giebel* bzw. Kragplatte über Fenster oder Tür
Verkröpfung → Gesims*
Verlies, Burggefängnis. 66*
Vestibül (lat. vestibulum), Eingangshalle und Vorraum, auch Wachtraum. 75*
Vielpaß → Maßwerk*
Vierblatt → Maßwerk*
Vierpaß → Maßwerk*
Viertelstab → Rundstab*
Vierung*, quadratischer oder rechteckiger Raum, der durch die Kreuzung von Lang- und Querhaus entsteht. Sie wird in der Romanik zur Maßeinheit des → Gebundenen Systems*. *Ausgeschiedene Vierung* heißt sie, wenn sie bei quadratischem Grundriß durch *Vierungsbögen* auf *Vierungspfeilern* gegen Langhaus, Querschiffsarme und Chorhaus abgegrenzt ist, die gleiche Höhen haben müssen (seit 9. Jh.). Ältestes erhaltenes Beispiel: Hildesheim, St. Michael, 1010–33 (21*). Die Bögen der *abgeschnürten Vierung* haben ungleiche Scheitelhöhe und/oder stehen auf Mauerzungen, die von den Vierungspfeilern ausgehen und die Durchgänge wesentlich verengen. Die V. kann äußerlich durch den *Vierungsturm*, einen → Dachreiter* oder eine Vierungskuppel betont sein.
Viktorianischer Stil, nach der Königin Victoria, 1837–1903, benannte Epoche der englischen Kunst; etwa 1840–1910.
Volute* (lat. volutum = das Gerollte), schneckenförmig eingeroll-

Unechtes Gewölbe. Li: Kragkuppel. – Re: Kraggewölbe

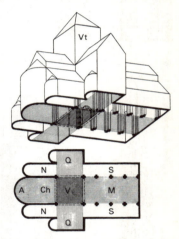

Vierung. Schematische Darstellung von Vierung und Vierungsturm in einer Basilika mit Staffelchor. V Vierung, Vt Vierungsturm, Q Querhausarm, Ch Chorhaus, A Apsis, N Nebenchor mit Nebenapsis, M Mittelschiff, S Seitenschiff.

Volute

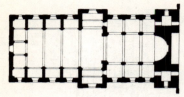

Das Vorarlberger Bauschema ist um 1700 in ganz Süddeutschland und der Schweiz verbreitet. Auftraggeber sind vor allem Prämonstratenser und Benediktiner. Hauptmerkmale:
- Wandpfeilerkirche = einschiffig mit Wandpfeilern, zwischen denen Kapellennischen statt Seitenschiffen liegen (Prinzip von Il Gesù, 45*)
- darüber Emporen, die die Wandpfeiler durchbrechen und in der Emporenzone zu Freipfeilern machen
- kein Kranzgesims unterm Gewölbe
- Querschiff ist schmaler als das Mittelschiff und lädt nur wenig aus
- eingezogener, langgestreckter Altarraum zugunsten einer Verbreiterung der Chorseitenräume. Die Pfeiler werden von der Basis an zu Freipfeilern, so daß der Chor eine Emporenhalle bildet
- Tonnengewölbe: Längsgewölbe im Hauptschiff, Quergewölbe über den Kapellen und Emporen.

Obermarchtal, Abteikirche, 1686–1701, M. und Chr. Thumb, F. Beer. Der Bau gilt als ideale Verwirklichung des Vorarlberger Bauschemas.

tes Bauglied. Merkmal des ionischen Kapitells (10*). Im Mittelalter selten; in Renaissance und Barock zur Vermittlung zwischen senkrechten und waagerechten Bauteilen angewandt. → Giebel, Abb. 3

Vorarlberger Bauschema*, von Vorarlberger Meistern (Thumb, Beer, Moosbrugger) um 1700 oft angewendetes barockes Kirchenbauschema.

Vorkragen → Auskragung*

Vorlage, Pfeilern, Säulen oder der Wand vorgelegtes Bauglied wie → Dienst*, → Lisene*, → Pilaster*.

Votivtafel*, Votivbild (lat. votum = Gelübde), Tafel, die auf Grund eines Gelübdes (»ex voto«) oder als Dank für die Erhörung eines Gebets an einem Wallfahrtsort oder an der Stelle aufgehängt wird, an der das betreffende Ereignis geschah. Mit Text, oft auch Heiligenfiguren oder einer Darstellung des Ereignisses bemalt. Votivgaben* sind Gegenstände, die mit einer bestimmten Gebetsmeinung oder -erhörung zusammenhängen, z.B. Krücken, Schiffsmodelle, Plastiken von Körpergliedern usw.

Li: »Marterl« mit Votivtafel
Re: Votivgaben

Wandpfeiler, Pfeiler, der einer Wand vorgelegt ist. Er kann a) als → Pilaster* flach oder b) wie eine Quermauer weit aus der (Seiten-) Wand hervortreten und wie ein Strebepfeiler das Widerlager für Dach- und Gewölbeschub sein.

Wandpfeilerkirche*, einschiffige Kirche mit seitlichen → Wandpfeilern, zwischen denen Kapellen liegen. Renaissance, Barock. Einsatz- →kapelle; →Vorarlberger Bauschema*.

Wange, 1. → Chorgestühl*; – 2. → Gewölbe 1, Abb. 1a

Wappen*, Abzeichen in Form eines mittelalterlichen Schildes, oft mit Helm. Die Lehre von der Wappenkunst (= Heroldskunst) heißt *Heraldik*. Rechts und links gelten vom Träger des Schildes, nicht vom Beschauer aus.

1. *Heraldische Farben** werden in nichtfarbigen Abbildungen durch Schraffuren gekennzeichnet.

2. *Wappenbilder* sind a) Heroldsbilder, das sind farbige Muster, b) gemeine Figuren, d.h. Gegenstände oder Lebewesen. *Redende W.* stellen den Namen des Wappenträgers bildlich in Form eines Rebus dar.

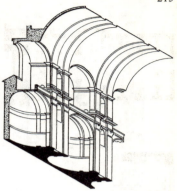

Wandpfeilerkirche. München, St. Michael, 1582–90, W. Miller (Langhaus), F. Sustris (Chor). Bedeutendster deutscher frühbarocker Nachfolgebau von Il Gesù, 45°. Tonnengewölbter Mittelraum mit mächtigen Wandpfeilern (Wandzungen), deren Stirnwände durch Pilaster und Nischen gegliedert sind. Zwischen den Pfeilern halbrund schließende Kapellen mit Quertonnen, darüber Emporen, deren Quertonnen sich mit dem Gewölbe verschneiden.

Wappen. Heraldisch rechts und links

Englisches Staatswappen; K Krone; Z Zimier; W Wappen-, Schildhalter; D Devise

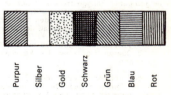

Heraldische Farben

Wappenscheibe. Bern, 1600

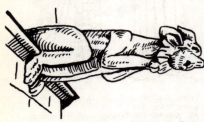
Wasserspeier. Bordeaux, Kathedrale. Gotik

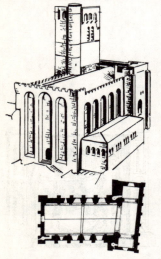
Wehrkirche. Agde/Südfrankreich, beg. 9. Jh., tonnengewölbte Saalkirche

Nebenstücke sind Amts- und Würdezeichen (Krone, Bischofsstab usw.). *Prachtstücke* sind *Schildhalter* (→ Wilde Männer*; seit 14. Jh.), Wappenmantel (seit 17. Jh.), *Wahlspruch = Devise.* → Trophäen.

Wappenscheibe*, Scheibe in Glasmalerei mit dem Wappen einer Person oder Personengruppe als Stiftung an ein öffentliches Gebäude, mit einer Geldspende (»Bauschilling«) verbunden. Bes. in der Schweiz im 15. und 16. Jh.

Wassernase → Gesims*

Wasserspeier*, vom Dach vorspringende Regenablaufrinne, die das Mauerwerk vor Nässe schützt. Am antiken Tempel als Löwenkopf (10*), in der Gotik als skurrile Figuren (Tiere, Menschen, Fabelwesen), deren Symbolwerte heute oft nicht mehr zu deuten sind.

Wehrgang, Letze, Hurde, Mordgang, Verteidigungsgang auf einer Wehrmauer. 66*

Wehrkirche*, Kirchenburg des Mittelalters, in ganz Europa, bes. in vorgeschobenen Grenzgebieten (z. B. Siebenbürgen gegen Ungarn, S-Frankreich gegen Mauren) zum Schutz für die Bewohner unbefestigter Ortschaften. Häufig nur mit starkem Turm, oft aber auch mit Laufgang, Zinnenkranz, Schießscharten, Basteien, Wehrgängen, Mauerringen und Wassergraben versehen.

Weicher Stil*, Entwicklungsphase der spätgot. Bildhauerkunst und Malerei, etwa 1380–1430. Charakteristisch sind die ergreifenden → Erbärmdebilder, bes. aber die sogen. »Schönen Madonnen« mit den weichgeschwungenen Gewandfalten und Faltenkaskaden und ihrer anmutig-lieblichen, unfeierlichen Mutter-Kind-Idyllik. Der W. S. wirkt auch auf die zur gleichen Zeit aufkommenden ersten Holzschnitte ein.

Wellenband → Ornament*
Welsche Haube → Dachformen 10*
Welt*, Fürst der, → Allegorie der bösen Weltlust in Gestalt eines jungen Elegants, der als Verführer der Törichten Jungfrauen am Gewände der → Brauttür der Gestalt Christi gegenübersteht, welcher die Klugen Jungfrauen anführt.
Wendelstein → Turm 2*
Wendeltreppe, um einen senkrechten Schaft (= *Spindel*) oder ein Treppenloch (= Lichtspindel, offene Spindel) sich windende Treppe, bes. in Spätgotik und Renaissance zu hoher Kunst entwickelt. → Turm 2*
Westwerk, selbständiger Vorbau im W einiger karolingischer, ottonischer und romanischer Basiliken. Sein mächtiger, manchmal von 2 Treppentürmen flankierter Mittelturm dient im Untergeschoß als Tauf- und Pfarrkirche. Vom Obergeschoß (mit Michaelsaltar) aus, das zum Langhaus geöffnet ist und Durchblick auf den Altar der Basilika gewährt, wohnen Herrscher und Gefolge dem Gottesdienst bei. Das W. repräsentiert vermutlich das »imperium mundi« (= weltliche Herrschaft) der mittelalterlichen Kaiser. 19*
Widerlager, Lagerung von → Bogen*, Gewölbe und Brücke(-nbogen) zur Kompensation von Druck und Seitenschub.
Wilde Männer*, im 15. und 16. Jh. bes. als Schildhalter beim → Wappen auftretende nackte, behaarte Männer mit Laubkränzen um Kopf

Li: Fürst der Welt. Straßburg, rechtes Westportal, nach 1277
Re: Weicher Stil. Schöne Madonna, südostdeutsch, um 1415

Wilde Männer als Schildhalter. Basel. Renaissance

Wimperge mit Dreipaß als Blendmaßwerk, frühgotisch.

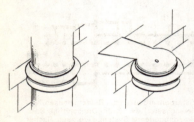

Wirtel, Schaftring als Zungenstein zwischen getrennten Schaftteilen

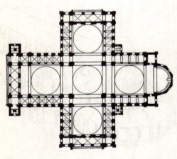

Zentralbau: Konstantinopel, Apostelkirche, 527-65, zerstört 1463. Erste christliche Kirche über dem Grundriß des griechischen Kreuzes.

und Hüfte, oft mit Keulen bewehrt. In S-Deutschland und der Schweiz häufig auf Hausfassaden, Wirtshausschildern oder als plastische Torbekrönung. Gegenstück: Wilde Frau.

Wimperg, -e*, 1. Ziergiebel über got. → Fenstern und → Portalen*, oft von → Fialen* flankiert, mit vorgeblendetem oder durchbrochenem → Maßwerk* gefüllt, mit Krabben und Kreuzblume (beides → Ornament*) besetzt, verstärkt den Höhendrang der Gotik; – 2. zahnartiger Aufsatz der Brüstungsmauer einer → Zinne*.

Windeisen → Glasmalerei*

Wirbelrosette → Ornament*

Wirtel*, Schaftring, Bund, meist als Zungenstein (in die Mauer eingebunden) zwischen getrennten Schaftteilen. Konstruktive und dekorative Bedeutung. Bes. Spätromanik und Frühgotik.

Wohnturm, Donjon. 68*; → Turm 4*

Würfelfries, Schachbrettfries → Ornament*

Zackenfries, Zickzackfries → Ornament*

Zahnfries, Deutsches Band → Ornament*

Zahnschnitt, 1. (griech. Geisipodes), die Balkenköpfe des archaischen Holzbaus imitierender Fries der ion., korinth. (10*) und röm. Säulenordnung (13*); – 2. Deutsches Band → Ornament*

Zangenfries → Ornament*

Zentralbau*, Bauwerk, das sich von einem architektonisch betonten Mittelraum mit rundem, elliptischem, quadratischem, polygonalem, kreuzförmigem, Vier- oder

Vielkonchen-Grundriß aus gleichmäßig nach allen Seiten fortentwickelt. Dem Wesen seiner Raumbildung entspricht die Kuppel, auch über den Nebenräumen (Kreuzkuppelkirche, 14*), Annexbauten sind häufig. In der Antike als → Grabmal und Rundtempel verbreitet. Frühchristentum und Mittelalter entscheiden sich für den Langbau, neben dem der Z. vorwiegend als → Baptisterium*, Grabkirche oder Pfalzkapelle auftritt. Die → Byzantinische Kunst baut dagegen auch zentrale Gemeindekirchen. Bes. Renaissance, Barock und Klassizismus drängen zum Z., oft mit angebautem Langhaus. In der modernen Architektur lebt der Z. vor allem für Versammlungsstätten auf (Kirche: Liverpool, 63*; Sportanlage).

Zickzackfries, Zackenfries → Ornament*

Zingel, Bering, Ringmauer der mittelalterlichen Burg. 67*

Zinne*, Brustwehr einer Wehrmauer und deren schild- oder zahnförmiger Aufsatz = Wimperge. Nach deren Formen: Breit-, Dach-, Karniesbogen-, Schwalbenschwanz- (= Kerb-, Ghibellinen-, Skaliger-), Rundbogen-, Stufen-Zinne. Schild-Z.: Belém, 73*

Zinnenfries → Ornament*

Zisterzienserbaukunst*, strenge, auf Einfachheit drängende Bauweise des Zisterzienserordens (gegr. 1098 von Robert von Cîteaux in Burgund). Fast 600 abendländische Kirchen (in Deutschland seit 13. Jh.) gehen auf die Bauvorschriften der Stammklöster Clairvaux und Morimond (gegr. 1115) zurück. Merkmale: turmlose Fassade, nur → Dachreiter*, oft flach-

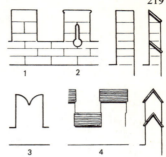

Zinne. 1 ohne Scharte; – 2 mit Schlüssellochscharte; flach und mit Pultdach; – 3 Kerbzinne (Ghibellinen-, Skaliger-, Schwalbenschwanzzinne); – 4 Dachzinne mit Satteldach (auch mit Zelt-, Walm-, Stufendach).

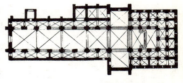

Zisterzienserbaukunst. Riddagshausen/Niedersachsen, 1. H. 13. Jh. Dreischiffige Basilika, gebundenes System. Querhaus, flacher Chor mit Umgang und Kapellen.

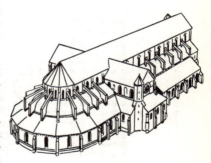

Zisterzienserkloster Pontigny, 1150–80. Spätform mit großzügiger Auslegung der Bauvorschriften, z. B. Polygonalchor statt geradem Chorschluß.

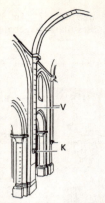

Zisterzienserbaukunst. Die V Pfeilervorlagen enden in K Konsolen, werden also nicht bis zum Boden geführt

Zwerchhäuser und Zwerchgiebel. Renaissance

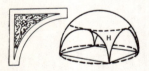

Zwickel. Li: Spandrille. – Re: Hängekuppel mit H Hängezwickel

Bogenzwickel mit plastischem Schmuck, 13. Jh. Gotik

gedecktes Langhaus und gerader Chorabschluß (→Chor), äußerst sorgfältige Bearbeitung der Bauteile, in halber Höhe auf → Konsolen endende Gewölbe-→ Dienste. Bis etwa 1150 werden die Bauvorschriften streng, später – besonders unter dem Einfluß von Stiftern oder örtlichen Bedingungen – großzügiger gehandhabt. In einigen Ländern Europas (Deutschland, Spanien, Italien, England) bereiten zisterziensische Bauten die Gotik vor.

Zopfstil, deutsche Bezeichnung für den Louis XVI-Stil.

Zophoros (griech. Figurenträger), figurengeschmückter Fries der attisch-ionischen und korinthischen Ordnung. 10*

Zwerchdach (zwerch = quer), Querdach, quer zum Hauptfirst verlaufendes Dach, z.B. beim → Zwerchhaus*. → Dachformen 13*

Zwerchgiebel, der → Giebel des → Zwerchhauses*. Er soll zwischen der langen Horizontalen des Dachs und vertikalen Formen ausgleichen.

Zwerchhaus*, geschoßhohes Dachhäuschen in der Hausflucht und unter einem → Zwerchdach.

Zwerggalerie = Arkade*

Zwickel*, 1. die dreieckige, meist auf einer Spitze stehende Fläche zwischen zwei Bogenlinien (= *Bogenzwickel**) oder zwischen Bogen und rechtwinkliger Einfassung (= *Spandrille**); – 2. *Hängezwickel** bzw. Pendentifs, die sphärischen Dreiecke, welche den Übergang quadratischer oder polygonaler Grundrisse zur Kreisform des → Kuppel*-Grundrisses vermitteln.

Zwinger*, bei mittelalterlichen Burgen und Städten das Terrain zwischen äußerem und innerem Mauerring; 67*. Im Barock auch als Festplatz umgebaut (Dresden).

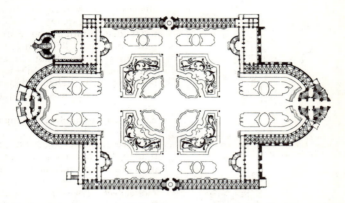

Dresden, Zwinger, 1711–22, D. Pöppelmann. Eingeschossige Arkaden-Galerien verbinden die 4 Saalbauten an den Ecken, die 2 Pavillons in den Scheiteln der Rundnischen und das Kronentor an der südlichen Langseite. Später verändert.